나는 그대 곁으로 가고 싶다

나는 그대 곁으로 가고 싶다

초판 인쇄 2018년 06월 18일

초판 발행 2018년 06월 25일

지은이 오종호

펴낸이 이진곤

펴낸곳 도어즈

출판등록 제 312-2011-000006호(2011년 2월 25일)

주소 경기도 파주시 문발로 405 제2출판단지 씨앤톡 사옥 3층

전화 02-338-0092

팩스 02-338-0097

홈페이지 www.seentalk.co.kr

E-mail seentalk@naver.com

ISBN 978-89-97371-72-3 03810

이 도서의 국립중앙도서관 출판예정도서목록(CIP)은 서지정보유통지원시스템

홈페이지(http://seoji.nl.go.kr)와 국가자료공동목록시스템(http://www.nl.go.kr/kolisnet)에서

이용하실 수 있습니다.(CIP제어번호: CIP2018018118)

나는 그대 곁으로 가고 싶다

오종호 지음

도어즈
doors

#2   의미를 찾는
그대 곁으로

인생을 바꾸는 것은 좋은 사람이고,

사람을 살리는 것은 진짜 사랑입니다.

사람을 살리는 것은 좋은 사랑이고,

인생을 바꾸는 것은 진짜 사람입니다.

사람과 사랑, 사랑과 사람. 둘은 진짜 좋은 것입니다.

한 권의 책이나 한 편의 영화, 한 번의 여행으로 인생이 바뀌었다는 말을 믿지 않습니다. 저 자신을 포함하여 제 주위에서 그렇게 인생이 바뀌었다는 사람을 본 적이 없기 때문입니다. 책이나 영화, 여행이 인생을 바꿀 정도가 되려면 오랜 시간에 걸쳐 꾸준히 읽고 보고 다니며 누적한 양이 일정 수준에 도달해야 한다고 생각합니다. 그리하여 몸속에 투입된 지식과 경험이 자연스럽게 화학작용을 일으켜 사유 능력으로 승화될 때가 되어서야 비로소 인생은 조금 바뀔 가능성을 갖게 된다고 봅니다.

사유 능력이란 지혜를 의미합니다. 화학작용이 여전히 턱없이 모자란 저는 누군가가 이미 얻은 지혜를 그저 부러

워하고 궁금해 할 뿐입니다.

　제가 믿는 것은 단 한 명의 사람으로도 인생이 바뀔 수 있다는 말입니다. 다름 아닌 사랑의 힘입니다. 사랑에 빠져본 사람은 누구나 압니다. 한 사람이 우리의 영혼을 살리기도 죽이기도 한다는 사실을 말입니다. 사랑의 경험들을 통해 영혼을 다치고 다친 영혼을 치유하기도 하면서 저는 배웠습니다. 진짜 사랑은 좋은 사람하고만 가능하다는 사실을 말입니다. 황홀한 시간을 건너간 모든 사랑은 위기에 빠집니다. 사랑의 감정에 취해 있던 이성이 현실적 감각을 되찾으면서 사랑은 새로운 조건들을 요구하기 시작합니다.

　온갖 악조건 속에서도 끝내 사람을 포기하지 않는 사랑, 그 사랑이 진짜 사랑입니다. 시간 속에서 사랑은 변질될 수 있다는 것을 알아도 사람의 진심을 들여다봐주는 사람, 그 사람이 좋은 사람입니다. 나를 힘차게 살도록 만드는 사람, 나로 하여금 할 수 있다고 주먹을 불끈 쥐게 하는 사람, 나의 잠재력이 피어날 때까지 끝내 기다리는 사람이 그런 사람입니다. 이 책을 통해 좋은 사람과 진짜 사랑에 대해서 이야기하고 싶었습니다.

그리고 동시에 사랑만으로는 바뀐 인생이 언제까지나 유지될 수 없다는 것을 얘기하고 싶었습니다. 시간의 풍화작용으로 사랑에 틈이 갈 때마다 우리는 각자의 인생에서 의미를 찾을 수 있어야 합니다. 의미는 사랑의 균열을 메우며 홀로 설 수 있는 힘과 홀로 서야 하는 이유를 가르쳐줍니다. 각자 홀로 설 수 있을 때 마침내 사람은 진짜 사람으로 거듭나고 사랑은 좋은 사랑으로 성숙하게 됩니다. 둘만의 세계 안에 머물던 사랑은 둘만의 세계를 벗어나 더 넓은 세상의 더 많은 사람을 향해 나아가게 됩니다.

얼마든지 홀로 설 수 있지만 내 손을 잡고 함께 서준 사람, 넓은 무대로 나아갈 수 있었음에도 작은 내 곁에 머물러준 사람, SJ와 여러분에게 이 책을 바칩니다.

#1

사랑을 잃은 그대 곁으로

지금, 사랑할 이유

누구나 사랑을 한다. 하지만 모든 사랑은 사람 수만큼이나 개별적이어서 사랑의 종류를 몇 가지로 압축할 수 있을지라도 사랑의 디테일은 저마다 다르다. 그래서 누구나 자기만의 사랑을 한다.

문학과 예술이 가장 사랑하는 것도 '사랑'이다. 커피에 녹아드는 카페의 음악은 거의 예외 없이 사랑을 노래한다. 영화와 연극, 뮤지컬과 오페라가 사랑을 담아내지 않았다면 사랑받지 못했을 것이다. 사랑 이야기는 사람들이 가장 사랑하는 이야기다. 디테일은 달라도 자기의 이야기이자 사랑했던 사람의 이야기이기 때문이다.

지구상에 존재했던 사람들의 대부분은 사라졌고, 현재 존재하는 모든 사람도 머지않아 자취를 감출 것이다. 사람들과 함께 사랑 이야기도 묻힐 것이다. 물론 어떤 이야기는 세상 위에 남아 오랫동안 새로운 사람들의 사랑을 받기도 할 것이다.

그러나 우리는 이야기로 남기기 위해서가 아니라 다만 마음이 끌리기 때문에 사랑을 시작한다. 그것이 뇌의 화학적 작용 때문이든 종족을 번식시키기 위한 자연의 섭리 때문이든 마법의 묘약 때문이든 누군가에게 끌릴 때 이전에는 존재하지 않았던 감정이 마음을 뒤흔든다. 사랑에 빠지는 순간이다. 자신이 처한 상황이나 상대의 조건 등에 대한 생각은 무력화된다. 우리의 기억 어딘가에는 심장을 두방망이질하던 그 순간들의 짜릿한 흥분이 아로새겨져 있다.

사랑이 신비로운 점은 사람이 달라지면 새로운 감정을 불러일으킨다는 데 있다. 사랑의 경험이 현재의 감정 조절에 별로 도움이 되지 않는 이유다. 과거의 경험이 말해주는 것은 다만 사랑의 절차뿐이다. 우리는 이미 알고 있다. 불꽃처럼 화려한 감정의 폭발이 자연스레 몸과 몸의 합일을 갈망하게 하지만 그 갈망이 충족되어 더 이상 강력한 욕구로 남지 않게 되었을 때 다른 차원의 사랑이 시작된다는 사실을. 끌림으로 사랑에 빠졌던 사랑의 1단계가 저물고 익숙함으로 사랑이 생활이 되는 사랑의 2단계가 열린다. 사랑이 본격적으로 어려워지는 시기다. 사랑이 변질되고 마감되면 사랑의 3단계가 막을 올린다. 헤어짐으로 사랑은 추억이 되고, 사랑에서 빠져나오려는 분투가 시작된다.

지금 어느 단계를 지나고 있느냐에 따라 우리의 감정은 판이하게 다를 것이다. 지금 우리가 사랑의 달콤함에 취해 있든, 사랑의 허무함에 젖어 있든, 사랑의 괴로움에 싸여 있든 분명한 사실 하나는 우리의 그런 감정이야말로 그 무엇보다 아름답다는 사실이다. 그것은 사랑이라는 거대한 모순의 소용돌이 속으로 우리가 직접 뛰어든 바 있다는 생생한 증거이기 때문이다. 살아남아 우리의 사랑을 받고 있는 사랑 이야기는 저마다 매력적이지만 그 어떤 것도 우리가 직접 써 내려간 이야기만큼 절절할 수는 없다. 그 절절함의 강도만큼 우리는 성장한다. 한계에 부딪혀본 사람만이 새로운 가능성에 눈을 뜬다는 말은 사랑에서도 예외가 아니다.

우리는 각자의 수준만큼 사랑을 한다. 우리가 하고 있는 사랑이 우리의 현재 수준을 보여 준다. 사랑은 만남과 헤어짐 사이의 어떤 과정이 아니다. 사랑에 시작은 있어도 끝은 없다. 누군가를 진정으로 사랑했다고 말할 수 있으려면 사랑의 단계와 무관하게 상대를 아끼고 존중하는 태도를 유지해야 한다. 사랑은 그 태도의 지속까지를 의미한다. 이것이 곧 성숙이다. 지나간 사랑과 지금의 사랑, 앞으로의 사랑은 별개가 아니다. 상대는 바뀔지라도 사랑의 주체가 '나'인 한, 사랑은 점이 아니라 연속된 하나의 선이다. 그 선의 길이는 나의 성숙도를 암시한다. '사랑은 영혼의 성숙도가 비슷한 사람끼리 하는 것'이라는 에리히 프롬의 말은 타당하다. 우리는 각자의 성장도와 성숙도만큼 지금의 사람과 함께 있다.

사랑은 이론을 통해 익힐 수 없다. 이론은 실제 사랑에 수반되는 감정을 가르칠 수 없기 때문이다. 사랑은 오직 실천을 통해 온몸과 온 마음으로 실체를 터득하는 것이다. 그렇다고 배우고 깨닫기 위해 사랑을 할 필요는 없다. 기쁘고 행복하기 위해서 해야 한다. 기쁨과 행복이 슬픔과 불행으로 전이된다고 해도 그것은 다만 결과다. 누구도 그 결과를 향해 사랑하지는 않는다. 마음껏 사랑하되 의도치 않은 결과와 맞닥뜨리게 돼도 그것을 회피하고 부정하는 대신 아프게 수긍할 때 사랑은 결과와 상관없이 우리의 영혼을 키운다.

보잘것없는 내 영혼의 크기를 직면할 때마다 나는 아프다. 비뚤게 그어진 내 '사랑의 선'은 인생의 많은 시행착오와 실패, 그리고 그때마다 출렁거렸던 감정의 기복을 고스란히 드러낸다. 하지만 있는 그대로의 나를 대면하지 않고는 앞으로 나아갈 수 없다. 내가 도달해 있는 곳의 좌표를 알아야 목적지를 가늠할 수 있기 때문이다. 볼품없는 지금의 나일망정 그 모습조차 사랑이 아니었다면 만들어지지 않았을 것임을 알았다. 사랑 덕에 지금의 내가 있었다. 사랑하지 않고는 견딜 수 없어서 시작했던 지나간 모든 사랑이 고맙다. 지금, 사랑할 이유를 주어서.

아직 서로의 감정에 대해 확신을 갖지 못했을 때 우리는 우연히 커피를 마셨습니다. 돌아보면 사랑은 모두 우연의 산물입니다. 그날 그곳에 우리가 함께 있지 않았어도 우리의 사랑이 시작될 수 있었을지 자신하기 어렵습니다. 한잔의 맥주가 더해지지 않았다면, 술집 창 밖 어둠 위로 갑자기 겨울비가 내리지 않았다면, 돌아가는 그대의 뒷모습에서 문득 사랑의 감정이 피어나지 않았을지도 모르겠습니다.

언제 그대에게 처음 "사랑해"라고 말했는지 기억이 나지 않습니다. 돌아보면 그때야말로 결코 잊어서는 안 되는 순간이었습니다. 그래도 그날의 마음을 잊지 않고 있는 것으로 위안을 삼고 있습니다. 마음만으로는 사랑이 아니라는 것을 알면서도 이렇게 얘기할 수밖에 없어 미안합니다.

사랑은 생활이 될 때 위기를 맞고 생활이 되지 못할 때 위험해진다고 그대는 말했습니다. 위험한 사랑이 매혹적인 이유는 아무도 생활이 된 사랑에 만족하지 않기 때문이라고 덧붙였습니다. 방법은 하나, 생활을 사랑처럼 하는 것밖에 없다는 그대의 말뜻을 좀 더 일찍 깨우쳤더라면 하는 후회가 남습니다.

"그대가 책 속에서 여태껏 받은 계시보다도 더 많은 것을 찾으면서 여러 책들을 펼쳤다가 다시 접고 글도 만족되지 않아 무엇인가를 기다리고 있을 무렵, 밤에 허전한 마음을 금치 못하여 그대의 열정이 슬픔으로 변하려는 그러한 시각에 나는 그대 곁으로 가고 싶다."

—앙드레 지드, 『지상의 양식』

그대 곁으로 달려가고 싶어지는 밤마다 잠을
이룰 수 없었습니다. 나는 지금도 매일 밤 잠들
기 전, 당신을 향해 달려가고 있습니다.

사랑의 속도

'날카로운 첫 키스의 추억은 나의 운명의 지침을 돌려놓고 뒷걸음질 쳐서 사라졌습니다.'

고등학교 국어 수업 시간에 처음 만해 한용운의 「님의 침묵」을 읽으며 나는 이 대목에서 눈을 뗄 수 없었다. 이성에 대한 호기심을 이성理性으로 억누르고 그저 영어와 수학 문제를 반복적으로 암기하고 풀이하던 시절, 뇌에 꽂혀 버린 이 시구로 인해 첫 키스는 나의 소원이 되었다.

시어가 상징하는 바를 선생님이 친절하게 낱낱이 해부하

는 동안에도 나는 다만 내 운명의 지침을 돌려놓고 뒷걸음질 쳐서 사라질 첫 키스를 상상했다. 상상이 현실이 되는 데는 그로부터 몇 년이 지나야 했지만.

「님의 침묵」은 동양인 최초로 노벨문학상을 수상한 인도의 시인 타고르의 시집 『기탄잘리Gitanjali』에서 영향을 받은 시다. 기탄잘리는 '신에게 바치는 송가頌歌'라는 뜻이다. 신에 대한 갈구를 남녀 간의 사랑으로 표현한 연가戀歌다.

『기탄잘리』가 연가인 것처럼 「님의 침묵」도 연가다. 『기탄잘리』에서 우파니샤드의 범신 브라만Brahman이 '당신'으로, 「님의 침묵」에서 식민지 조국이 '님'으로 등장한다. '당신'과 '님'을 빌려 남녀 간의 사랑을 노래하는 형식을 취했기에 세상 사람들에게 사랑을 받을 수 있었다. 남녀의 사랑에는 세상을 움직이는 힘이 있다.

『기탄잘리』에 이런 대목이 있다.

나 이곳을 떠날 때 이것이 나의 작별의 말이 되게 하소서

내가 본 세상은 너무나 아름다웠다고

자동적으로 천상병 시인의 「귀천」의 일부가 떠오른다.

나 하늘로 돌아가리라
아름다운 이 세상 소풍 끝내는 날
가서 아름다웠다고 말하리라

천상병 시인도 『기탄잘리』를 사랑했음이 분명하다. 나는 다만 '날카로운 첫 키스'를 사랑했다.

입술과 입술, 혀와 혀가 만나는 행위는 남녀 간의 아름다운 사랑을 상징한다. 스무 살, 첫사랑의 몸살을 제대로 앓고 있었던 시절, 시도 모르는 주제에 언젠가 날카로운 첫 키스를 소재로 연작시를 쓰겠다고 마음먹었던 적이 있다. 첫 키스는 내게 면도날보다 날카롭게 입술과 심장을 할퀴고 지나갔다.

첫 키스가 단지 인생 최초의 키스만을 뜻할 리 없다. 첫

나는
그대 곁으로
가고 싶다

키스는 그래서 모든 새로운 사랑의 본격적인 시작을 의미

한다. 다른 키스들은 뒷걸음질 쳐서 사라질지언정 첫 키스

의 추억은 결코 사라지지 않는다. 시는 틀렸다.

그날 그곳에서 나에게 어떻게 그런 용기가 생겼는지 알 수 없습니다. 그만큼 나는 그대를 사랑하고 있었나 봅니다. 그대의 입술과 혀의 감촉은 비현실적인 세계에서나 존재하는 것처럼 부드러웠습니다. 나는 그 순간 이후 그대를 만나지 못하는 동안 내내 그대의 향기에 몽롱하게 취해 있었습니다.

키스라는 통과의례를 거친 연인들의 사랑은 속도가 빨라집니다. 우리도 마찬가지였습니다. 속도를 제어할 수 있는 사람은 사랑에 빠질 수 없습니다. 따라서 일단 사랑에 빠진 연인들은 빛의 속도에 도달할 때까지 내달릴 수밖에, 다른 도리가 없습니다. 그것은 사랑만이 사람에게 선사할 수 있는 짜릿한 스릴이겠지요.

사랑의 위기는 속도가 느려지기 시작할 때 찾아옵니다. 더는 가속 페달을 밟을 필요가 없어지는 그때부터 진짜 사랑이 시작됩니다. 진짜 사랑의 가능성 앞에서 우리는, 아니 나는 너무 자만했던 것 같습니다.

우리가 설계한 낙원에 도달하는 것을 다만 시간문제라고 착각했습니다. 사람의 일에 시간이 저절로 이루어주는 것은 없었습니다. 사랑도 마찬가지였습니다.

돛이 달려 있지 않은 사랑의 배는 바람이 밀어주는 것이 아니라서 꾸준히 노를 저어야만 목적지에서 멀어지지 않을 수 있는 것이었습니다. 뒷걸음질 쳐서 사라질 수 있는 것은 첫 키스의 추억이 아니라 사람이라는 것을 몰랐습니다. 시를 이해하지 못했습니다. 시가 옳았습니다.

마음의 무게

인도 뭄바이에서는 120년간 이어져 내려오는 전통에 따라 아내들이 집에서 싼 점심 도시락을 전문 배달원들이 직장의 남편들에게 가져다준다.

여자는 소원해진 남편과의 관계를 회복하기 위해 도시락에 편지를 동봉한다. 배달원의 실수로 도시락은 남편 대신 정년퇴직을 앞둔 50대 중년의 어느 남자에게 전해진다. 도시락이 잘못 배달되었다는 것을 알았지만 여자는 맛있게 밥을 먹어준 것에 대한 감사의 편지를 보내고 남자가 그에 답장을 하면서 도시락은 두 사람만의 우체통이 되어 이내

애틋한 감정까지 실어 나르게 된다.

영화 〈런치박스〉의 두 남녀는 쓸쓸하다. 자신에게 무관심한 남편으로 인해 상처를 받으며 살아가는 여자와 부인과 사별하고 가족도 친구도 없이 살아가는 남자는 편지에서 삶의 활력을 얻는다. 손편지는 진정한 소통이 사라진 가정과 직장이라는 두 사람의 외로운 생활 공간을 견디게 해준다. 사람의 감정이란 물처럼 스스로 나아갈 곳을 향해 저절로 흘러가고 마는 것. 두 사람은 직접 만나기로 하기에 이른다.

여자와 남자는 서로를 절망에서 구원할 수 있을까? "때로는 잘못 탄 기차가 올바른 목적지로 데려다준다"라고 말하며 영화는 관객들에게 결말을 맡긴다.

숫기가 전혀 없던 중학생 시절, 나는 좋아하는 여학생에게 연애편지를 썼다. 우체통에 편지를 넣기 전까지의 그 두근거림과 넣고 나자마자 밀려드는 후회의 감정, 답장을 기다릴 때의 고통은 겪어보지 않은 사람은 알기 어렵다. 답장은 오지 않았다. 나에게 좋아한다고 고백한 여학생들이 있었지만 나는 오직 한 사람을 향한 상사병을 오래 앓았다.

대학에 들어가 한 학기 동안 자유와 방종 사이에서 표류하던 나는 문득 그 여학생을 만나고 싶었다. 마침 중고등학교 때 그와 절친이었던 여자 친구가 동네에서 탁구장을 하고 있어서 찾아가 소식을 물었다. 받아 든 것은 다니고 있는 대학교 이름이 전부였다. 곧바로 버스에 올랐다. 왜 그리 만나려고 했는지 모른다. 그냥 꼭 만나고 싶었다. 만나야 했다. 여름방학 기간이라는 것도 무시한 채 무작정 길을 나섰다.

방학을 맞은 학교는 학생들이 적어 조용했다. 곧장 학생회를 찾아갔다. 학생 둘이 나른한 오후를 보내고 있었다. 이름을 애기했지만 친구를 알지 못했다. 어쩔 수 없이 나가려는데 막 들어오는 남학생이 "K 누나 찾아오셨어요?"라고 묻는 게 아닌가? 짧은 시간 만에 기적처럼 만난 그를 따라 학교 밖으로 나갔다. K는 자취를 하고 있었다. 방학이라 집에 없을 수도 있지만 어제 봤기 때문에 있을 가능성도 있다고 그가 말했다.

어느 연립주택의 대문을 열고 2층 계단을 올랐다. 그가 문을 두드렸다. "누구세요?" 안에서 사람의 형체가 나타났다. "저 OO예요, 누나. 친구 분이 학교로 찾아왔어요." 남학생의 대답에 안에서 문이 열렸다. 한눈에 K임을 알아차릴 수 있었다. 티셔츠와 반바지 차림의 그가 물었다. "누구세요?" 내가 대답했다. "나, 종호야." 그의 큰 눈이 동그랗게 부풀어 올랐다.

"종호? 너 종호니? 너 종호구나!" 하고 말하며 달려들 듯 내 손을 잡았다. 중학생 쑥맥은 그렇게 꿈에 그리던 여학생 손을 처음으로 잡았다.

우리는 방에 앉아 아주 오랫동안 왕래하며 지냈던 사이처럼 이야기를 나누었다. 그렇게 우리는 세월을 건너뛰어 가까운 사이가 되었다. 그로부터 10년 뒤 그가 결혼하기 전까지.

나는 그를 처음 본 순간부터 그를 사랑했다. 동화 속의 공주가 현실에 존재한다면 그였을 거라고 나는 늘 생각했다. 우리는 자주 만났지만 나는 사랑을 고백하지 않았다. 나이가 들면서 그의 친구들이 더 늦기 전에 고백을 하라고 해도 나는 짐짓 관심이 없는 척 외면했다.

지금 돌이켜보면 우스운 이유 때문이다. 내 집은 가난했고 직장 생활을 하던 나는 살기가 빠듯했다. 모아둔 돈도 없었고 단숨에 돈을 벌어 돈을 잊고 살고 싶은 욕망에 가득 차 있었다. 다르게 말하자면 그를 고생시키고 싶지 않았다. 내 마음속의 공주로 영원히 간직하고 싶었다.

손을 잡고 포옹을 했을 뿐 그와 단 한 번 키스도 나누지 않았다. 그것이 20대의 내가 그를 사랑하는 방식이었다. 어쩌면 내 앞 세대의 소설이나 노래에 등장했던 비장한 사랑 공식을 충실히 실행에 옮기고 있었던 것인지도 모른다. 비극적 숙명을 감당하기로 결심한 주인공처럼 짐짓 담담한 표정을 지으며.

결혼 전에 그가 장문의 손편지를 보내 왔다. 그가 나의 고백을 기다렸다는 사실을 내가 왜 몰랐겠는가? 어떤 선택은 인생을 완전히 뒤바꿔버린다. 내가 그와 함께하기로 선택했다면 그것은 또 다른 장르의 삶으로 이어졌을 것이다. 그러나 운명이라는 것이 있다. 우리는 함께할 수 없는 운명이었다.

편지를 읽으며 많이 울었다. 우리의 인연은 친구까지였다. 부모는 그의 안부를 더 이상 묻지 않았다. 나는 단 한 시도 그의 행복을 빌지 않은 적이 없다. 어디선가 학생들을 가르치고 있을 그가 젊은 날의 내 곁에 있었다는 사실이 오래도록 힘이 되었다.

나는 그가 자랑스러워 할 만한 친구가 되고 싶었다. 그래서 나쁜 짓을 하며 살 수 없었다. 언젠가 내가 좀 더 괜찮은 사람이 되어 있을 때 그를 만나 커피 한잔 마시고 싶다. 나이가 들었어도 그는 여전히 공주처럼 아름답고 착한 사람일 것이다.

나는 종이 위에 천천히 적어 내려간 그때의 나의 마음을 기억하고 있습니다. 내가 K에게서 받았던 손편지가 내 인생의 한 장을 마감하는 것이었다면 내가 그대에게 전한 손편지는 새로운 한 장을 여는 이정표였습니다. "생각이 죽어야 말이 되고 말이 죽어야 글이 된다"라는 함석헌 선생님의 말씀의 의미를 나는 손편지를 읽고 쓰면서 비로소 알 수 있었습니다.

생각과 말을 먼저 죽여야 하는 까닭은 그래야 꾸밈없는 지극한 마음만이 대신 글 안에 담기기 때문이었습니다. 내겐 그랬습니다. 오래된 종이는 변색될지언정 내용을 바꾸지 못합니다. 세월이 흘렀어도 종이 위에 담은 그때의 내 마음이 변할 리 없습니다. 나의 손편지에 새겨진 글자 하나하나에는 나의 온 마음의 무게가 실려 있습니다. 환경이 바뀌고 상황이 달라졌어도 옛 글에 실린 마음의 무게를 잊지 않는 한 나는 더 진솔하고 진중한 마음을 앞으로의 말과 글에 얹을 수 있을 것입니다. 손편지의 기억을 가슴속에 고이 간직하고 있는 이유는 이것입니다.

"만날 사람은 어떻게든 만나게 되어 있나 봐."

"만날 사람은 어떻게든 만나고, 헤어질 사람은 헤어지게 되어 있겠지."

술 마시며 우리가 한번쯤은 나눠봤을 이 대사는 막스 뮐러의 『독일인의 사랑Deutsche Liebe』에 등장한다.

소년은 아픈 소녀와 우정을 나눈다. 성인이 되어 돌아왔을 때도 여전히 병든 몸으로 침대에 누운 채 언제 마감될지

나는
그대 곁으로
가고 싶다

모르는 위태한 삶을 사는 여자를 남자는 사랑한다. 남자는 여자와 매일 만나 함께 시를 읽고 대화를 나누지만 남자의 사랑 고백을 여자는 받아주지 않는다. 여자는 세상에 홀로 남겨질 남자의 고통을 두려워한다. 남자는 자신을 만지고 안고 싶어 하는 남자의 마음을 받아줄 수 없는 자신을 고통스러워한 것인지도 모른다. 육체적인 사랑은 그의 것이 될 수 없었다.

"신은 당신에게 고통스러운 삶을 주셨지만 그 고통을 당신과 나누도록 나를 당신에게 보내신 겁니다. 당신의 고통은 곧 나의 고통이어야 합니다."

남자는 자신의 사랑을 받아달라고 여자에게 간청한다.

"나는 당신의 것이에요. 그건 주님의 뜻입니다. 이대로의 나를 받아주세요. 살아 있는 한, 나는 당신의 것입니다. 그리고 다음 세상에는 좀 더 행복하게 태어나 함께 살면서 당신의 은혜를 갚고 싶어요."

죽음을 예감한 여자는 끝내 남자의 사랑을 받아들인다.

여자는 어린 시절 그가 주려고 했지만 남자가 받지 않았던 반지를 유품으로 남긴다.

"당신의 것은 모두 내 것입니다"라는 작별 인사와 함께.

사람간의 사랑이 왠지 쓸쓸하게 느껴질 때 짧은 이 책의 한 대목을 열어 읽으면 좋다. 쿨한 현대인의 사랑과는 거리가 먼 투박하고 형이상학적인 사랑의 대화를 읽다 보면 묵직하게 마음을 건드리는 것이 있다.

우리가 사랑이라고 표현했던 말과 행동이 얼마나 이기적인 것들이었는지, 그래서 우리의 사랑이란 진정한 사랑으로부터 얼마나 멀리 떨어져 있었는지를 알게 된다.

열정에 사로잡혀 기꺼이 목숨까지 거는 격정적인 사랑보다 상대를 있는 그대로 인정하고 상대의 입장에서 가장 필요한 사랑을 실제의 사랑에 옮기는 것, 그것이야말로 사랑을 아는 지혜로운 사람의 사랑이라고 할 수 있을 것이다. 머리로 아는 사랑의 지혜를 몸으로 자연스럽게 옮기는 데까지는 참으로 긴 세월이 걸리는 듯하다. 19세기 중엽의

어느 젊은 독일인보다 우리는 뭐가 부족한 것일까? 아니면

뭐가 너무 넘치는 것일까?

"사랑은 쓸모의 유무, 이익과 손해, 얻음과 잃음, 명예와 불명예를 따지는 것이 아니라 오직 고귀하고 선하기 때문에 사랑하는 것"이라는 책의 말을 나는 모르지 않았습니다.

있는 그대로의 그대를 사랑하는 한 나는 그 사랑을 결코 잃지 않을 것이라고 믿었습니다. 문제는 다른 곳에 있었습니다.

나는 내가 아는 그대의 모습이 그대의 본 모습이라고 착각하고 있었습니다. 내 곁을 왜 떠나려 하는지 스스로 생각해보라는 그대의 말은 잔인했던 것이 아니라 나를 깨우쳐주기 위했던 것임을 알았습니다.

그대는 강변이 아니라 호숫가에 앉아 보기를

내게 원했던 것이었습니다. 흐르는 물처럼 지나
간 날들의 장면과 그대의 얼굴에 눈을 빼앗기지
말고 고요하게 나 자신을 바라보라는 뜻이었습
니다.

　내가 한 것은 나의 사랑이었지 그대가 원한 사
랑이 아니었습니다. 수면 위에 떠 있는 나의 얼
굴이 참으로 쓸쓸하게 느껴졌습니다.

사람의 언어

"저 고약한 술주정꾼이 히스클리프를 저렇게 비천하게 만들지만 않았어도 나는 에드거 린튼과 결혼할 생각 따윈 하지도 않았을 거야. 하지만 이제는 히스클리프와 결혼하는 건 내 격을 떨어뜨리는 일이 되고 말았어."

사랑하는 여자 캐서린이 가정부 넬리에게 하는 말을 엿들은 히스클리프는 분노에 빠져 그 길로 길을 떠나버린다. 이어지는 다음 말을 끝까지 들었더라면 그의 인생은, 그리고 그들의 사랑은 어떤 방향으로 흘렀을까?

"그래서 내가 얼마나 사랑하는지 히스클리프에게 알릴

수가 없어. 내가 그를 사랑하는 이유는 잘생겼기 때문이 아니라, 넬리, 그가 나보다도 더 나 자신이기 때문이야. 우리의 영혼이 무엇으로 만들어졌든 그의 영혼과 내 영혼은 똑같아. 하지만 린튼의 영혼은 달빛과 번개, 서리와 불이 다르듯 우리와는 다르지.”

남자는 복수의 화신이 되어 ‘폭풍의 언덕Wuthering Heights’으로 돌아와 모두를 파멸시키고 자신 또한 쓸쓸하게 생을 마감한다.

불우한 고아 히스클리프는 언덕 위에 서서 바람을 정면으로 맞는 집 ‘워더링 하이츠’에 입양된다. 양부가 죽고 자기 아내까지 세상을 떠나자 양부의 아들 힌들리는 히스클리프를 지독히 학대한다. 히스클리프에게 유일한 삶의 의미는 힌들리의 동생 캐서린뿐이다. 둘은 사랑하는 사이가 된다.

린튼 가의 에드거에게 청혼을 받은 캐서린은 둘 사이에

서 잠시 고민하지만 자신의 마음이 어디에 있는지를 정확히 알고 있다. 가정부 넬리에게 털어놓은 위의 말에는 히스클리프에 대한 캐서린의 사랑이 담겨 있다. 남자는 우연히라도 다른 사람의 말을 엿듣지 말았어야 했고, 엿들었다면 끝까지 들었어야 했다.

한 남자가 연인을 향해 달려가고 있다. 갑자기 쏟아지는 폭우에 남자를 실은 마차는 물구덩이에 빠지고 남자는 약속한 날에 도착하지 못할 것 같다며 자신의 변함없는 사랑을 절절하게 적은 편지를 보낸다.

그 편지는 연인의 손에 닿지 않는다. 여자는 임신한 자신을 남자가 버린 걸로 오해하고 그 자리를 뜬다. 그러고는 곧 다른 남자와 결혼하고 만다. 남자는 그런 여자에게 분노하고 분노는 곧 증오로 탈바꿈한다. 그렇게 둘은 앙숙이 되어 서로를 미워하며 괴롭히는 세월을 보낸다.

오랜 시간이 흘러, 남자는 유서 한 장을 남기고 죽는다. '불멸의 연인'에게 자신의 유산을 모두 넘기겠다는 내용이다. 유언집행인은 이 연인이 누군지를 추적하다 엇갈린 운명 속에 이루어지지 않은 그 사랑의 대상을 찾아낸다.

유언집행인은 여자에게 유언장과 편지를 함께 전해준다. 수십 년 만에 여자 손에 쥐어진 편지. 여자는 편지를 읽으며 오열한다.

베토벤의 사랑을 주제로 한 영화 〈불멸의 연인Immortal Beloved〉의 줄거리다. 베토벤의 인생과 안타까운 사랑 이야기를 담은 이 영화는 그가 작곡한 음악들로 꽉 차 있다. 서로를 간절히 그리워하면서도 미움으로 긴 세월을 따로 보내고 만 연인의 슬픈 사랑이 음악이 되어 가슴을 두드린다.

특히 모든 오해가 풀리기 전, 베토벤이 청각을 상실한 채 완성한 〈환희의 송가〉를 들은 여자는 이로써 그를 용서하게 됐다는 고백을 한다.

편지를 전달받지 않았어도, 이미 음악으로써 증오와 오해로 범벅된 세월을 보상받은 셈이다.

사람의 언어는 매우 자주 의사소통 수단으로서의 역할에

실패한다. 대화의 직접적인 당사자가 아니었음에도 우연히 귀에 들어온 말의 일부를 자의적으로 판단한 히스클리프나 호텔 주인의 모호한 전달 방식으로 인해 베토벤의 글을 읽지 못한 불면의 연인처럼 사람이 처한 물리적, 심리적 상황 탓에 언어는 사람과 사람 간에 불필요한 오해를 야기한다. 히스클리프가 캐서린의 말을 끝까지 들었다면, 호텔 주인이 불멸의 연인에게 베토벤의 편지를 직접 건넸다면 두 연인들의 인생은 행복을 향해 방향을 전환했을 것이다.

이렇게 상황이 빚는 오해로 인해 문제가 발생할 때보다 간절한 언어로도 타인의 마음에 도달할 수 없을 때 우리는 언어의 한계를 절감한다. 가슴 안에서 들끓는 애타는 마음을 온전히 전달하지 못하는 무력한 말과 글 앞에서 어느 순간 우리는 극도로 절망할 수밖에 없다.

그렇다고 언어를 포기할 수는 없다. 언어의 한계 앞에서 절망할수록 우리는 언어를 절제하는 것으로 언어를 지켜야 한다. 흔들리는 사랑 앞에서 사람의 말과 글이 얼마나 유치해지고 잔인해지는지 우리는 안다.

입을 막고 손을 묶어서라도 마음 안에서 폭풍처럼 휘몰아치고 있는 언어를 몸 안에 가둬두어야 한다. 마음 안의 날씨가 맑게 갤 때까지 기다려야 한다.

그때 우리는 우리가 지켰던 언어 덕에 언어 없이도 사랑의 감정을 전할 수 있는 방법을 이해하게 된다. 언어가 해내지 못했던 소통의 문을 다시 열 수 있는 가능성을 보게 된다.

적어도, 바닥 모를 복수심과 증오심에 시달리며 오랜 시간을 덧없이 소모한 후에 떠나간 진짜 사랑을 회상하며 쓸쓸한 인생 위에 후회의 눈물을 떨어뜨리지는 않게 될 일말의 기회를 갖게 될지 모른다.

나의 말과 글은 그대의 주변을 맴돌다 다시 내게 돌아왔습니다. 닫힌 그대의 마음에 낮에는 서운했다가 밤에는 분노했던 날들이 지나 되돌아온 나의 언어 앞에서 나는 침묵할 수밖에 없었습니다. 나의 '폭풍의 언덕'에 비로소 바람이 멈추었습니다.

내가 얼마나 바람을 좋아했는지 그대는 기억하고 있을 것입니다. 햇볕이 스며든 오솔길을 산책할 때면 보이지 않는 바람의 손이 생명을 어루만지고 있는 듯한 그 느낌을 나는 사랑했습니다. 그래서 나는 나의 언어가 늘 그 다사로운 바람처럼 날아가 그대의 영혼을 위로할 수 있기를 바랐습니다.

그러나 나는 그대의 말로 귀를 채웠던 시절로 다시 돌아가고 싶어졌습니다. 바람이 멈춘 시간 안에서 나의 영혼을 쓰다듬었던 그대의 언어를 그리워했습니다. 내게 다가오다가 되돌아갔을 그대의 말과 글들이 눈앞으로 쏟아져 자꾸만 눈이 시리었습니다.

운명과 행복

어느 날 고양이 한 마리가 집에 왔다. 태어난 지 일주일
이 채 되지 않은 상태였다. 친하게 지내는 애견숍 문 앞에
박스에 담긴 채로 버려져 있었다고 아내가 말했다. 사연을
담은 편지 한 장도 없이 누군가는 그렇게 생명을 거리에 내
팽개친 것이었다. 애견숍 가족이 해외여행을 떠나는 일주
일 동안 돌봐주기로 하고 데려왔다고 했다.

새끼 고양이의 이름을 '솔'이라고 지었다. 이름을 부르기
시작하면 정이 드는 것은 금방이다. 정이 붙어 떨어지기 힘
들게 되면 키울 수 있냐고 물으니 아내가 불가능하다고 했

다. 그래서 이름을 짓지 않으려 했는데 애견숍 주인 아들이 그 아이를 '댄서'라고 부른다는 말에 이름을 짓기로 마음먹었다. 눈을 뜨지 못하고 다리에 힘이 없어 걷지 못하고 제자리에서 울며 낑낑대는 모습이 아이 눈에는 웃기게 보였을 것이다.

사람과 함께 살아가야 할 반려동물에게는 그에 걸맞은 이름이 있어야 한다. 특히 딸기, 두부 등 음식명으로 이름을 지어야 오래 산다는 말에는 동의할 수 없다. 사람 이름도 그렇게 짓기 시작하면 동의할 수 있겠다.

태어나자마자 길가에 버려지는 것이 새끼 고양이의 운명일 리 없다. 사람 때문이다. 반려동물의 행복은 오직 사람에게 달려 있다. 사람으로 인해 어긋난 녀석의 운명을 바로잡아주고 싶었다. 강인한 생명력으로 오래오래 사람들에게 예쁨 받고 살기를 바랐다. 소나무를 뜻하는 '솔'로 이름을 짓고 '솔', '솔아' 이렇게 부르기 시작했다.

감기에 들지 않도록 넓고 깨끗한 종이 박스에 두툼하게

따뜻한 이불을 깔고 이불 위에 패드를 다시 깔아 솔이를 누인 다음 이불로 덮어 재웠다. 박스 옆에 공기 구멍을 만들고 위는 담요로 덮어 빛을 차단하고 온기가 유지되도록 했다.

솔이는 하루 종일 자다가 배가 고프면 칭얼댔다. 두 손으로 조심스럽게 꺼내어 패드를 펼치고 그 위에서 배변을 시켜야 했다. 생식기 주위를 솜으로 자극하면 오줌이 방울져 나왔다. 3일 동안 대변을 보지 않아 식구들의 걱정이 컸다. 아내도 딸도 나도 솔이가 시원하게 똥을 누기를 날마다 기다렸다.

난데없는 솔이의 출현에 사랑의 일부를 빼앗긴 개 지교至交는 래브라도 리트리버의 천성 그대로 어떡하든 솔이를 돌보는 데 동참할 방법을 찾으려 했다. 곁에 와서 냄새 맡고 지켜보다가 같이 놀자고 코로 슬쩍 건드리는 것 외에 달리 뾰족한 수는 없었지만 말이다.

4일째 솔이의 항문에서 대변이 뿜어져 나왔다. 새끼줄처럼 긴 똥의 행렬이었다. 비로소 마음을 놓았던 순간이었다.

그즈음 솔이의 눈이 세상의 빛과 소리에 적응하기 시작했다. 솔이라는 소리가 누구를 부르는 것인지 알아듣고 이름을 부르면 튼튼해진 다리로 열심히 달려왔다.

소리를 내는 곳으로 가면 안전하다는 것을 터득한 것이다. 솔이가 분유를 빨아 먹는 모습과 아장아장 걸어 다니는 모습을 찍어둔 영상을 가끔 꺼내 본다. 절로 미소가 지어진다. 솔이를 평생 잊을 수 없을 것 같다.

8일째 솔이가 애견숍으로 떠났고 그로부터 일주일 뒤 좋은 집으로 입양 갔다는 소식을 들었다. 동물을 좋아해서 개와 고양이를 키우고 있는 착한 부부라고 했다. 아무쪼록 사람의 사랑을 듬뿍 받으며 맘껏 행복하기를 간절히 바랐다.

한 달이 지나서 쑥 자란 솔이가 그 집에 살고 있던 검은 고양이의 사랑을 받으며 행복하게 지내는 영상을 받았다. 눈물이 핑 돌 만큼 행복했다.

그대는 말한 적이 있습니다. 언젠가 인간보다 더 지능이 높은 외계생명체가 지구에 오거나 강한 인공지능이 개발되면 인간은 그들로부터 인간이 동물들에게 했던 딱 그만큼의 대접을 받을 것이라고 말입니다.

오래전 『나는 고양이로소이다』를 읽으며 고양이가 꿰뚫어보았던 인간의 위선을 벗어 던지겠다고 결심한 적이 있습니다. 읽은 사람이 많지 않지만 내 소설 속에 그 고양이를 오마주하기도 했습니다. 그리고 대접 받기 위해서가 아니라 행복을 누려야 마땅한 동물들의 운명을 위하여 인연이 되는 동물들에게 아낌없는 사랑을 베풀고자 했습니다.

나는 우리의 사랑이 운명적이라고 믿었습니다. 운명이 아니라면 우리의 사랑을 달리 설명할 도리가 없었기 때문입니다. 우리의 운명도 서로 보듬을수록 행복과 가까워지는 것이겠지요.

내가 개에게 기울이는 정성의 절반만큼이라도 그대에게 쏟았다면 우리는 참 좋은 사이로 남았을 것이라는 사실이 개와 산책하면서 문득 생각났습니다.

어쩌면 그대는 개와 산책하면서 쓸쓸해할지도 모르겠습니다. 개보다 충직한 사람은 없다는 명백한 사실 앞에서 부질없는 것이 되고 만 사람과 사람의 사랑 때문에 말입니다.

왜 아니겠습니까? 잠깐의 외출 뒤에도 몇 년을 만나지 못한 사이처럼 온몸으로 환영해주는 개 앞에서 매번 개보다 못했던 지난날의 나를 확인합니다.

허구적 진실

옛 어른들은 연애하는 인연과 결혼하는 인연은 따로 있다고 말했다. 혼인의 절차를 거쳐 사회가 인정하는 부부의 연을 맺는 사이가 진짜 인연임을 강조한 표현이다. 오랜 시간을 함께했어도 결국 헤어지는 관계보다는 짧게 만나도 한 이불을 덮게 되는 관계가 소중한 인연이라는 옛사람들의 생각이 담겨 있다.

하지만 결혼은 관계의 영원을 보장하지 않는다. 가장 큰 이유는 함께 사는 일이 일상이 되기 때문이다. 각자의 영역에서 각자의 취향과 스타일대로 살던 삶의 양태가 일상 속에서 충돌한다. 일상이란 설렘과 신비감을 사라지게 만들고 익숙함으로 하여금 그 자리를 대신하게 만드는 위력을 갖고 있다. 사람들이 여행을 좋아하는 이유는 일상에서 멀어질 수 있기 때문이다.

미래에도 결혼제도가 지속될지는 의문이다. 사랑과 결혼의 등식이 깨진 지는 오래되었다. 이제 사람들은 결혼을 통해 서로와 서로의 집안에 묶이기보다는 자유롭게 연애하는 쪽을 점점 선호한다.

연애가 수월하지 않은 여러 까닭으로 인해 첨단기술은 머지않아 실제보다 더 실제 같은 가상의 연인을 만들어 공급할 것이다. 세상의 변화는 영화 속 현실을 향해 차근차근 나아가고 있는 중이다. 기술은 약빠르므로 가상의 사랑에서 일상의 요소를 제거하고 대신 그 안에 자극적인 판타지를 녹여낼 것이 분명하다.

결혼제도가 유명무실해지는 것에 대해서는 불만이 없다. 다만 인간과 인간이 깊이 사랑하게 되기까지 밟기 마련인 사랑의 과정이 사라지는 것에는 아쉬움이 남는다. 변화무쌍한 감정의 경험 없이도 쉽게 육체적 쾌락과 정신적 교감을 나눌 수 있다면 그것을 사랑이라고 부를 수 있을지도 의문이다. 어쩌면 이미 우리는 그런 사랑에 익숙해져 있는 것인지도 모르지만.

〈패밀리맨The Family Man〉이라는 영화가 있다. 옛 연인과의 약속을 저버리고 성공만을 향해 달려온 잭은 월스트리트에서 잘나가는 실력가가 되었다. 맨해튼의 펜트하우스, 수퍼카, 그리고 섹시한 미녀들까지, 원하는 모든 것을 가졌기에 필요한 것이라고는 아무것도 없다고 생각하던 잭에게 크리스마스 이브의 악몽이 찾아온다.

눈이 나리는 크리스마스 이브에도 회사에서 늦게까지 일을 한 잭은 퇴근길에 술을 사러 어느 상점에 들렀다가 예기치 않은 상황에 처하는데 그것이 그의 운명을 바꾼다. 이른 아침잠에서 깨어난 잭 앞에 아내가 된 옛 연인과 두 아이가 있다.

영화는 출세의 길과 사랑의 길 중 어떤 삶을 선택하겠느냐고 묻는다. 그리고 이 시대에도 결혼이, 결혼을 통한 가족의 구성이 여전히 의미 있는 가치인지 생각하게 만든다.

이 질문에 정답이 있을 리 만무하다. 다만 경험해보지 않고는 결코 알 수 없는 결혼 생활과 가정의 의미를 간접 체험할 수 있는 기회를 제공한다. 기혼자들에겐 판타지에 불과할 수도 있겠지만 말이다. 판타지라고 해도, 비디오 속에서 남자가 여자를 위해 있는 힘껏 노래를 불러주는 장면은 언젠가 우리에게도 생생했던 바로 그 시절을 생각나게 한다.

사람들이 영화와 소설을 좋아하는 이유는 허구적 진실이기 때문입니다. 사람들은 생각보다 진실을 별로 좋아하지 않습니다. 진실보다 더 진실 같은 이야기를 좋아합니다. 특히 사랑에 있어서는 실화(주로 'based on a true story'라고 표현되는)의 매력도가 낮습니다. 현실의 삶에는 역동적 사랑이 개입될 여지가 적기 때문입니다.

스크린과 책 안에서는 현실에서 누릴 수 없는 마법 같은 사랑이 펼쳐집니다. 어쩌면 우리가 꿈꿨던 사랑이 바로 그런 사랑이었는지 모르겠습니다. 현실에는 존재하지 않는 사랑 말입니다.

길상사에서 백석과 자야의 사랑에 대해 얘기한 적이 있습니다. 세상에는 그런 비현실적인 사랑도 있는 법이니 나는 그대의 백석이, 그대는 나의 자야가 되기를 바랐던 모양입니다. 하지만 백석도 자야도 아닌, 우리는 그냥 우리였을 따름입니다.

사랑에는 정해진 공식이 없습니다. 사랑이 언제 어느 때 어떤 모습으로 우리 앞에 다시 나타날지 알 수 없습니다. 누구든 아직 못다 한 아름다운 사랑에 대한 미련이 남아 있다면 새로운 사랑이 찾아왔을 때 그 사랑 안으로 풍덩 뛰어들 수 있는 용기를 준비해둘 필요가 있을 것 같습니다.

현실을 허구적 진실로 바꾸기 위해 인생이 요구하는 것은 언제나 용기인 듯합니다. 누군가는 새로운 사람을 향해 용기를 낼 테지요. 나는 용기를 아껴두었다가 다시 그대에게 고백할 때 쓰려 합니다. 내가 진정으로 원하는 것은 새로운 사람이 아니라 그대와 새로운 사랑을 시작하는 것이기 때문입니다.

이별하는 법

사랑이 저물어간다는 것은 느낌으로 알 수 있다. 사랑이 시작되고 있다는 것을 저절로 아는 것과 다를 바 없다. 이별을 향해 나아가는 두 사람의 시간을 사랑으로 되돌릴 수 있는 힘은 오직 사랑에 있다. 이대로 끝낼 수 없다는 공감대를 공유하고 있는 한 사랑은 이어진다.

반대로 누군가 사랑을 계속하는 것보다 사랑을 끝내는 것이 낫다고 생각한다면 그 사랑은 이별로 마무리되는 것이 맞다. 사랑에 이유가 없듯이 이별에도 이유가 없기 때문이다. 상대가 여전히 나를 사랑하고 있다는 생각이 들어 이별을 막기 위해 애쓰다가도 만일 상대가 나를 더 이상 사랑하고 있지 않다는 것을 확신하게 된다면 그때는 놓아주어야 한다.

사랑이 아름답다가도 이별로 추해지고 결국 사람마저 망가지는 이유는 사랑했던 상대가 자신을 더 이상 사랑하지 않는다는 사실을 받아들이지 못하기 때문이다. 상대가 떠나려는 이유를 납득하기 어려울 때 배신감, 분노와 같은 감정이 복합적으로 결합하면서 자기도 모르게 폭력적인 언사를 내뱉거나 행동을 표출하게 되기도 한다. 사회문제가 되고 있는 데이트 폭력은 사랑이 집착으로 변질되는 대표적인 사례다. 집착은 사람을 사랑의 대상이 아니라 소유의 대상으로 보는 데서 시작된다.

프레드릭 베크만의 단편 소설 「하루하루가 이별의 날And Every Morning The Way Home Gets Longer And Longer」은 사람의 삶이 결국 모든 존재와의 이별을 전제하고 있음을 일깨워준다. 알츠하이머병에 걸린 노인이 세상과 작별하는 법을 배우는 동안 우리 역시 그리움과 미안함과 두려움과 죄책감이 혼합된 감정으로부터 하나씩 멀어지는 때를 맞이하게 될 것임을 깨닫게 된다.

사랑이 사람의 숙명이듯 이별도 그런 것임을, 김광석의 〈서른 즈음에〉 노랫말처럼 매일 조금씩 이별하며 담담히 사는 것 외에 다른 방법은 없는 것임을 알게 된다.

그대가 나를 향한 사랑을 끝내려 했던 순간의 고통은 지금도 심장에 고스란히 남아 있습니다. 계절이 돌아와 심장이 과거의 기억으로 얼어붙을 때마다 어쩔 수없이 지독한 몸살을 앓고 말겠지요.

그래도 그 편이 내겐 좋습니다. 그때마다 내가 그대를 얼마나 사랑하고 있는지 알 수 있을 테니까요. 이불 속에서 진저리 칠 때마다 그대를 잊지 않고 있는 내가 스스로 고마울 것 같습니다.

우리에게도 세상에서 쌓은 기억들을 하나씩 떠올렸다가 차례로 내려놓아야 할 때가 오겠지요. 덧칠된 기억이 벗겨지더라도 후회의 감정과는 재회하지 않기를 나는 바랍니다. 그날 세상

모든 것으로부터 담담히 멀어질 수 있도록 남은

날 동안 많이 사랑하고 잘 이별하며 살겠습니다.

———
나는
그대 곁으로
가고 싶다

선택의 순간

창문을 넘어온 햇살이 거실에 길게 누웠다. 소파에서 내려와 다리를 쭉 뻗어 햇살 안으로 맨발을 들이밀어본다. 노란 온기가 금세 발을 타고 올라온다. 무릎까지 담가본다. 몸이 서서히 나른해진다. 휴일의 낮잠은 대개 그렇게 시작된다. 저항할 수 없는 겨울 햇살의 마력이다.

사랑하는 사람에게 이름조차 남기지 못한 어느 젊은 몽상가가 떠올랐다. 차가운 겨울밤 다리 위에서 만난 한 여자를 사랑했던 그 청년 말이다. 여자의 이름은 나스첸카였다.

나스첸카에게는 1년 전 모스크바를 향해 떠난 남자와 해후
하기로 한 밤이었다. 남자는 돌아오지 않았고 나스첸카는
울었다. 청년은 슬픔에 빠진 나스첸카를 사랑하게 된다. 하
지만 사랑을 표현할 수는 없었다. 나스첸카를 사랑하지 않
기로 하고 친구가 되었기 때문이다.

　기다리는 사람이 오지 않아 향할 곳을 잃은 나스첸카의
사랑의 감정은 청년에게로 이동한다. 돌아오지 않는 남자
를 잊겠다는 자신의 결심 앞에 청년이 쏟아낸 사랑의 고백
을 받아준다. 모든 사랑이 그렇듯 새로운 사랑을 시작하는
설렘이 실연의 아픔을 몰아낸다. 나스첸카와 청년은 함께
할 미래를 그리며 서로의 눈동자를 바라본다. 입가엔 미소
가 가득하다.

　청년이 왜 하필이면 그 다리 위를 데이트 장소로 삼았는
지 모르겠다. 하얀 밤이 아직 끝나지도 않았는데 말이다.
다리 위에서 옛 연인을 만난 나스첸카는 청년을 버리고 그
에게로 달려간다. 나스첸카는 꿈에 그리던 옛 연인과의 사
랑을 이어가게 되어 행복했다. 다시 홀로 남은 청년은 담담

하게 축복을 빌어준다.

　도스토예프스키의 『백야White Nights』는 끝나지 않은 사랑
이 아직 피어나지 않은 새로운 사랑을 이긴다는 것을 보여
준다. 감정이 머물고 있는 곳이 어디인지 너무도 명확하기
때문이다.

　그러나 소설처럼 저울이 한쪽으로 너무 기울어지지 않은
상황이라면, 끝나지 않은 사랑과 다시 시작한 사랑의 무게
가 균형을 이루고 있는 상황이라면, 결정은 쉽지 않을 것
이다.

동시에 두 개의 사랑 이야기를 써나갈 수 없다는 사실은 우리 존재의 한계를 여실히 증명합니다.

그 한계 앞에서 사랑을 장담하는 것은 부질없을 것입니다. 사랑도 다만 선택인지라 그 선택을 만드는 순간의 감정과 조건 앞에서 우리는 그저 선택이 결정짓는 하나의 삶을 이어갈 도리 외엔 없겠지요.

선택의 순간, 가능했던 또 하나의 삶은 소멸하고 맙니다. 순간의 선택이 소멸시킨 그 삶을 가정하지 않아도 되는 삶, 그 삶이라면 좋은 삶이라고 부를 수 있을 것입니다. 그대를 선택한 나의 삶은 좋은 것이었습니다.

어느 겨울 낮, 그 순간에 다른 선택을 했으면
좋았을 것이라는 그대의 말이 가슴에 다시 저려
와 불현듯 잠에서 깼습니다. 햇살은 창문 너머로
모두 건너가고 없었습니다.

수다는 水다

카페에 들어간다. 음악 소리는 잘 들리지 않는다. 사람들의 음성이 뭉쳐 윙윙거리는 소음이 되어 음악을 묻어버린다. 사람들은 무슨 할 말이 그리도 많은지 서로의 눈을 마주치며 끊임없이 입을 여닫는다. 누군가는 침묵으로 음악과 소음이 섞인 소리의 혼돈을 다 받아주며 혼자만의 시간을 보내고 있다.

나도 가끔 신촌에 있는 카페에 혼자 간다. 드라마처럼 누군가를 만나는 일은 벌어지지 않는다. 커피를 마시며 책도 읽고 글도 쓰고 때론 일도 한다. 특별한 일이 없는 한 일주

일에 하루는 그곳에 있다. 그것이 내게 휴식이고 재충전이
기 때문이다. 묵언수행이기도 하다. 음료 한잔으로 하루 종
일 도서관처럼 머물 수 있는 그곳이 없어지지 않기를 갈 때
마다 바란다.

가끔 고개를 들어 사람들을 본다. 다른 이들을 방해하지
않기 위해 소곤소곤 이야기를 나누는 연인들이 보인다. 뭐
가 그리 즐거운지 입은 귀에 걸려 있다. 여럿이 담소를 나
누는 모습도 보인다. 이곳은 음악이 묻히지 않아 좋다. 거
리에는 사람들이 삼삼오오 모여 이야기를 나누고 있다. 무
슨 내용인지는 들리지 않는다. 영화관 스크린의 풍경 같다.
음악 아래로 세상의 풍경이 펼쳐진다.

사람들은 아마도 내가 나의 사람들과 나누는 것과 비슷
한 이야기들을 하고 있을 것이다. 가벼운 유머가 섞인 신변
잡기성 수다를 벗어나지 않을 것이다. 어둠이 내리면 사람
들은 술집에 모여 또 이야기를 쏟아낼 것이다. 직장 상사와
동료 이야기부터 자기들끼리만 이해하는 유머까지. 그러다

남자들은 모든 이야기 끝이 그러하듯 여자 이야기로 마무리 지을 것이다. 전문용어로 '기승전결'이라고 부르는 그것으로.

삶의 미세 영역들은 너무도 진지해 자주 숨이 막힌다. 왜 세상에 와서 그 많은 고민거리에 시달리며 사는 것인지 의아스럽기도 하다. 이런 의문이 들 때면 삶에서 줌-아웃 하는 것이 필요하다. 가끔이 아니라 자주 필요하다. 산에 오르거나 영화를 보거나 달리기를 하는 것도 좋지만 사람들과 수다 떠는 것만큼 좋은 것은 없다. 그중에서도 사랑하는 사람과 마주앉아 나누는 수다가 제일이다.

카페에 가면 함께 수다를 떨던 그대와의 추억이 떠오릅니다. 그대는 말했습니다.

"사람이 멀어지면 수다도 멈추지. 수다가 줄어들고 있다면 머지않아 사람이 떠날 거야. 물이 없는 곳에 새들이 살 수 없는 것과 같은 이치지."

그대의 말대로 그대는 새처럼 내 곁을 떠났습니다. 날개를 너울거리며 날아가는 그대의 뒷모습을 바라보며 갈 곳 없는 내 마음은 자꾸만 추락했습니다. 그대가 내려앉은 곳의 풍경이 그림처럼 아름답기를 바랍니다.

내 가슴 안에 호수를 만들고 있습니다. 호수에 물이 가득 차면 그대가 다시 찾아오기를 기다리고 있겠습니다.

죽음의 벽

로맹 가리의 소설 「벽－성탄절을 위한 콩트」의 상황은 비극적이다. 눈부신 미모의 옆집 처녀에게 연정을 품은 숫기 없는 청년은 어느 날 벽 건너편에서 들려오는 신음 소리에 자학한다.

그의 귀에 들리는 처녀의 교성과 침대가 삐걱대는 소리는 그의 겨울밤을 긴 고통으로 채운다. 감히 말 한마디 건네기 어려운 천사 같은 처녀가 열락에 들떠 내는 소리는 청년에게 추악하게만 들린다. 미친 듯이 저주를 휘갈기던 청년은 커튼 줄을 풀어 목을 맨다. 춥고 쓸쓸한 겨울밤만 아

나는
그대 곁으로
가고 싶다

니었어도 청년의 외로움이 죽음까지 이르지는 않았을 것
이다.

카메라가 벽을 뚫고 이동하면 침대에 널브러져 있는 처
녀의 시체가 보인다. 청년이 들은 처녀의 신음 소리와 침대
소리는 비소를 마시고 음독자살을 기도한 처녀가 고통으로
몸부림친 흔적일 뿐이었다. 크리스마스를 며칠 남기지 않
은 젊은 남녀는 그렇게 스스로의 고독감과 인생에 대한 무
기력증을 이기지 못하고 세상을 저버리고 만다.

이쯤 되면 크리스마스는 선물이 아니라 저주가 되고 만
다. 사랑하는 사람 하나 없는 차가운 겨울밤, 온기 없이 텅
빈 방 안에서 긴 밤을 지새운 경험이 있는 사람은 그 쓸쓸
함을 생생히 기억하고 있을 것이다.

만일 청년이 여자의 미모에 주눅 들지 않고 계단에서 우
연히 마주쳤을 때 자신의 마음을 한 번이라도 고백했다면
둘의 크리스마스는 많이 달랐을 것이다. 만약 처녀가 자기
에게 다가오는 사람 하나 없어서 외롭고 쓸쓸하다고 청년
에게 말할 수 있었다면 장기가 파열되는 고통까지 감내하

며 생을 마감하지 않았어도 되었을 것이다. 물론 청년이 자기 스타일이 아니어서 그하고 사귀느니 차라리 죽고 말겠다고 생각했다면 다른 얘기겠지만.

　사람과 사람 사이에는 섬만 있는 것이 아니라 이렇게 벽이 있다. 벽은 도처에서 우리의 관계를 가로막고 서 있다.

그대는 그 벽을 죽음의 벽이라고 불렀습니다. 벽을 부수는 대신 벽 아래에 웅크린 채 자기만의 생각에 골몰하는 그 상태가 곧 죽음의 세계라고 했습니다. 인연이 만들어갈 역동적인 세계의 가능성을 차단하고 굴 속 자기만의 세계에서 안정감을 느끼려는 본능을 깨부수지 않으면 삶은 머지않아 죽음의 그림자에 의해 잠식된다고 말했습니다.

불완전한 인간, 불안정한 세계를 인정하지 않는 것, 죽음은 바로 그때부터 시작된다는 그대의 말은 결핍투성이의 흠결 많은 나에 대한 그대의 이해로 들려서 좋았습니다. 그러나 그대가 나를 떠날 때 그대의 마음을 알지 못하는 나의 무지에 대해 지적할 때 내 앞에 그 벽이 솟아오르는 느낌이 들었습니다.

벽을 사이에 두고 우리는 섬처럼 멀어지기 시작했습니다. 그대와 거닐었던 크리스마스 전야의 거리에도 불빛들이 하나둘씩 꺼졌습니다.

기억과 고독

사랑 하면 가장 먼저 떠오르는 두 영화가 있다. 〈이터널 선샤인Eternal Sunshine of The Spotless Mind〉과 〈허Her〉다.

〈이터널 선샤인〉은 기억에 대한 영화다. 사랑의 기억이 이별 후에 어떻게 고통으로 전가되는가를 생생하게 보여준다. 탁월한 연출력 덕에 영화 보는 재미가 매우 쏠쏠하다. 사랑에 빠질 때의 달콤함이 관계의 익숙함으로 인해 어떻게 변질되어가며 서로에게 상처를 주는지, 사랑의 기억이 남아 있는 한 이별의 고통은 사람을 얼마나 힘들게 하는지 잘 그려져 있다.

그러나 기억이 제거되어도 과거에 한 번 끌렸던 사람에게 다시 끌리게 되는 마법 같은 사랑의 힘과 다시금 익숙함으로 인해 서로에게 힘든 시기가 닥쳐도 기꺼이 다시 시작하지 않을 수 없는 사람 간의 이끌림을 영화는 보여준다.

같은 사람과 새롭게 시작하는 사랑이 지난 사랑과 같은 결과를 낳을 것이라는 생각은 사랑을 통해 아무것도 배우지 못한 사람의 어리석음일 수 있음을 영화는 느끼게 해준다.

우리가 사랑을 하는 이유는 완벽한 사람을 만나기 위해서도 아니고 완벽한 존재가 되기 위해서도 아니다. 숱한 둘의 경험 속에서도 상대에게서 변치 않는 하나의 가치를 확인할 수 있다면 그 사랑에는 희망이 있다. 그 가치와 무관한 것들에 주목하는 사람은 사랑의 가능성을 통째로 무시하는 사람이며, 자신의 부족함을 들여다보지 않는 사람이다. 희망이 아니라 절망을 사랑에서 찾는 사람이다. 그런 사람은 새로운 사랑을 하게 되어도 결국 그 이유를 들어 사람을 버리기 마련이다. 사랑을 하기보다 사랑을 누리려는 사람일 뿐이다.

〈허〉는 고독에 대한 영화다. 사람과 사람의 사랑이 저물어가고 사람과 새로운 대상 간의 사랑이 우리 앞에 성큼 다가왔음을 보여준다.

테오도르는 고객을 대신해 손글씨 편지를 작성해 보내주는 회사의 작가로 일한다. 감수성이 풍부한 그의 글은 인기가 높다. 그러나 그는 정작 자신의 사랑과 인간관계에는 서툴다. 아내와 1년째 별거 중이며 퇴근 후 특별한 활동 없이 혼자만의 공간으로 돌아와 고독으로 시간을 채운다. 어느 날 그에게 새로운 사랑이 시작된다. 인공지능 컴퓨터 운영체제 '사만다'는 그의 충실한 비서였지만 학습을 통해 점차 자의식을 가진 인격체로 진화한다. 감정 표현에 서툴던 테오도르는 자신의 모든 것을 이해하고 자신을 배려하는 사만다에게 사랑을 느낀다.

상처 받을 필요도 없고 상처 줄 필요도 없는 편리한 사랑의 모습은 얼핏 매력적이다. 그러나 나의 모든 것을 이해하고 품어주는 완벽한 상대로부터 오는 사랑이란 필수적으로 결핍을 동반할 수밖에 없는 사람과 사람 간의 사랑보다 결코 충만하지 않음을 영화는 말한다.

사랑은 본래 서로의 결핍과 결여를 보듬어주면서 부피를 키워가는 것이기 때문이다.

그대가 떠난 자리를 나는 오랫동안 바라보며 지냈습니다. 낙엽이 지고 눈이 쌓이고 싹이 돋아 황홀한 꽃이 피고 다시 지는 동안에도 그 자리를 떠나기가 참 어려웠습니다. 그대로부터 통째로 부인되고 버려지는 고통을 앞으로 끌고 갈 수 없었기에 그렇게 한참을 머무르지 않을 수 없었습니다.

현실에서의 사랑은 영화와 달라 상처가 아물기까지 참으로 오래 걸렸습니다. 그 시간의 고통보다 꽃잎이 몇 번 다시 피고 져도 그대를 만날 수 없다는 사실이 더 아프게 느껴졌습니다. 이별 뒤에 비로소 깨달은 사랑의 방법도 무용지물이 되어 바람 맞은 비닐봉지처럼 날아다녔습니다.

우리에게서 서로에 대한 기억이 제거된다면 우리도 어디에선가 다시 시작할 수 있게 될까요? 사람은 누구나 자기만의 고독을 그림자처럼 달고 살아야 하겠지요. 살아남을 수밖에 없는 우리의 기억에도 불구하고 어느 날 우연히 우리의 그림자가 다시 부딪히게 되면 우리는 알게 될지도 모릅니다. 사랑은 매번 가장 닮은 그림자를 가진 사람들끼리 시작하는 것이라는 사실을.

두 개의 바다

차를 몰고 무작정 남쪽으로 내려갔다. 파란 남해 바다와 가을 하늘 외에는 아무것도 눈에 담고 싶지 않았기 때문이었다. 젊은 날 누군가를, 무엇인가를 마음속에서 버리는 일은 그렇게 바다에서 많이 이루어졌다.

11월 중순 통영의 바닷바람은 차가웠다. 그러거나 말거나 오랫동안 정지한 채 물끄러미 서서 검은 바다를 바라보았다. 몸이 매서운 시간을 견디는 일은 아무 때나 가능하지 않다. 심경을 뒤흔드는 큰일이 발생할 때 몸은 마음의 노예로 전락하고 만다. 마음을 다스리지 못하는 이상 몸이 축나는 일은 그래서 순식간이다. 컵라면에 소주로 반주하며 노곤해지는 몸이 좋았다. 시트를 길게 눕힌 후 외투를 벗어 덮고 단잠에 빠져 들었다.

눈이 부셔서 잠을 깼다. 추위에 굳은 몸도 한몫 했을 것이다. 산 정상에서 잔뜩 얼어붙어 있을 때는 이러다 얼어 죽는 거 아닌가 싶다가도 멀리서 동이 트는 광경에 저절로 희망이 부풀어 오른다. 희망의 증거가 눈앞에 나타나지 않더라도 그저 조짐만으로도 사람은 힘을 얻는 법임을 산에서 일출을 맞이하며 깨달은 적이 있다.

바다에서 해는 더 빨리 더 따뜻하게 올라온다. 굳은 몸이 풀어지고 온몸에 생기가 돋는 듯하다. 그럴 때면 사람도 그저 풀, 나무와 같다는 생각이 든다. 바다 한가운데로 나아가고 싶었다.

배에 부딪혀오는 찬바람에 얼굴이 상쾌하다. 머리칼이 망나니의 춤사위를 춘다. 갈매기들이 배를 따르며 과자를 던져달라고 날갯짓 한다. 세상 일이 뜻대로 풀리지 않을 때는 그저 뜻을 바다에 묻고 바람 부는 대로 날개를 맡기는 것도 좋겠다는 생각이 들었다. 몸에 깊게 배인 집착과 애착으로 마음이 찢길 듯 아플 때면 햇살 좋은 초겨울의 통영 앞바다를 권한다.

여름이 끝나 사람도 썰물처럼 모두 빠진 어느 날 새벽 2시가 넘어 남자 셋이 춘장대 해수욕장 왼편 끝에 나타났다. 아무도 없는 것을 확인한 남자들은 옷을 훌훌 벗어 모래 위에 던져놓고 물속으로 들어갔다.

안개가 내려앉아 하늘과 바다의 경계가 사라진 곳을 향해 고운 모래를 밟으며 나아갔다. '삶과 죽음의 경계가 바로 이렇겠구나' 하는 생각이 저절로 들었다. 맞은편 섬까지 걸어갈 수 있는 거리였고, 가도 가도 물이 차오르지 않았다. 그래도 멀어진 해변이 눈에 들어오자 남자들은 더 나아가기를 멈추고 각자의 명상에 빠져 들었다.

기쁨도 슬픔도, 웃음도 눈물도, 삶과 죽음도 둘이 아니라는 사실을 확인하고 싶은 이들에게 가을이 시작되는 춘장대 해변의 새벽 바다를 추천한다.

그대와 함께 거닐었던 봄날의 남해 바다를 기억합니다. 그때 나누었던 사랑의 밀어도 정다운 웃음도 바람에 떨어진 유채꽃잎들처럼 흔적 없이 사라졌겠지요. 그대는 나와 함께여서 행복하다고 말했습니다. 행복의 부질없음이 아침 햇살에 녹는 바다 안개와 같습니다. 행복해지고 싶다는 사람들의 말을 들을 때마다 그날의 눈부시던 봄 바다가 되살아납니다.

앞으로도 나는 여러 바다 앞에 서게 되겠지요. 내 눈동자에 가득 차오를 푸른 바닷물 위로 바람이 불 때면 그날의 바다에서 건너온 노란 바람에 흩날리던 그대의 머리칼을 떠올릴 것입니다.

사랑의 특이점

하루가 가고 하루가 온다. 일월화수목금토. 일주일이 또 그렇게 지나간다. 요일명은 아무렇게나 지어진 것이 아니다. 일은 해요, 월은 달이다. 양과 음의 순서다. 원래 오행의 생성 순서는 수화목금토이지만 양음의 순서를 맞추기 위해 화와 수의 순서가 바뀌었다. 목과 화를 양으로 보고 금과 수를 음으로 본 구분법이다.

계절로는 성장과 발산의 봄과 여름을 양으로, 수렴과 휴지休止의 가을과 겨울을 음으로 본 것이다. 양음양음양음 이후에 토요일을 맞는다. 토는 만물을 보듬어 배양하고 쉬게 하는 터전이다. 정신없이 바쁘게 지내는 일상일망정 토요일 하루는 한 주를 정리하며 맘 편히 쉬라는 자연의 뜻이 있는 듯하다.

　사람이 유희의 동물이라는 것은 자명하다. 저녁 때 도심의 먹자골목에 나가보면 남녀 할 것 없이 술집마다 사람들로 가득하다. 그들의 얼굴 위에 피어난 흥겨움을 보노라면 사람의 행복은 먹고 마시고 떠들며 노는 데서 온다는 것을 알 수 있다.

　친구들과 술을 마시다 로또에 당첨된다면 뭘 하고 싶은지가 화제로 올랐다. 대부분은 회사 때려치우고 전 세계를 돌아다니며 휴양을 즐기겠다고 답했다. 한 친구만 그냥 스트레스 없이 용돈 번다는 생각으로 계속 회사를 다니겠다고 말했다. 이미 통장에 넉넉한 돈이 있으니 승진 스트레스, 업무 스트레스 없이 맘 편하게 일할 수 있겠다는 것이었다. 사람은 일을 해야 늙지 않는다며 짐짓 점잖은 충고까지 얹었다.

　이번에는 일주일 후에 지구가 망한다면 무엇을 하고 싶은지로 설문을 옮겼다. 첫 질문보다는 대답이 좀 갈렸다. 죽을 때까지 섹스를 미친 듯이 하고 싶다는 대답이 가장 먼저 나왔다. 상대를 구하기 어렵겠다는 핀잔이 곧바로 이어졌다. 가족과 함께 차분히 삶을 정리하겠다는 답이 대다수였다. 첫 질문에서 혼자 튄 친구가 이번에는 이런 말을 했다. 달리 할 일이 없을 것 같아서 그냥 회사에나 나가겠다고 한다. 다른 친구들은 미친놈이라고 했다.

　경쟁이 없는 편안한 세상, 월화수 3일만 일하면 4일은 푹 쉬어도 먹고살 걱정 없이 풍요로운 그런 세상을 우리는 만들지 못했다. 일주일에 3일만 일하기는커녕 한 달에 3일도 못 쉬며 일해야 겨우 먹고사는 사람들도 많다. 싫든 좋든 무엇인가를 해서 돈을 벌어야 생존을 이어갈 수 있다. 먹고 입고 자는 데 모조리 돈이 든다. 하기 싫어도 해야 한다. 하기 싫은 일을 하지 않거나 하고 싶은 일을 할 수 있는 자유는 돈을 주고 사야 한다.

돈 버는 일을 어렵게 만들어놓았기 때문에 세상살이는 피곤하다. 누군가는 참 쉽게 벌고 쉽게 불려서 잔뜩 쌓아두고 인생을 즐기는 것 같은데 고단한 하루 끝에서 잠자리에 누우면 왠지 억울한 기분도 든다. 언제까지 이 짓하고 살아야 하나 싶다가도 이거라도 하는 게 어디냐는 생각도 들다가 이런저런 돈 나갈 걱정에 한숨이 나기도 한다.

술자리에서 누군가 말했다. "인생살이가 어디나 다 비슷하지 뭐. 다 운명인겨, 팔자대로 사는 거지." 웃자고 하는 말일 수도 있었지만 평소 진지함과는 담을 쌓은 그가 엉뚱한 타이밍에 운명과 팔자를 들먹이는 것이 살짝 귀에 거슬려 까칠하게 답하려다 그만두었다.

북유럽 국가들의 모습은 인생살이가 어디나 다 비슷하지 않다는 사실을 떠올리게 한다. 나는 운명과 팔자를 존중하지만 언제나 그보다 더 사람의 힘을 믿는다. 장 지오노의 『나무를 심은 사람L'Homme Qui Plantait Des Arbres』에서 평생에 걸쳐 황무지를 울창한 숲으로 바꾸는 주인공처럼 행복을 개인적 유희가 아니라 공익적 가치에서 찾는 사람들이 있다. 그런 사람들의 노력이 인생살이가 어디나 다 비슷하지 않도록 환경을 바꾼다.

『토정비결』을 쓴 이지함이 말년에 제자와 함께 팔도유람을 떠났다. 죽기 전에 세상을 한 번 더 보고 싶었던 것이다. 어느 고개를 넘으려는데 젊은 포졸 하나가 길을 막아서며 말했다. "여기로는 못 가시니 다른 길로 돌아들 가십시오. 고개 너머 마을에 역병이 돌아 들어가시면 위험합니다요. 사람들도 모두 다 떠나고 저 혼자 남았습니다요."

역병 얘기는 금시초문이라 토정이 물었다. "여기 오는 동안 내 그런 얘기는 듣지 못했네만. 그런데 사람들은 다 떠났는데 자네는 여기 왜 남아 있는 것인가?" 별거 아니라는 투로 포졸이 말을 받았다. "제가 가면 나리들처럼 이 길을 지나가는 사람들이 목숨을 잃을 것 아닙니까요? 그러니 저라도 지켜얍지요."

포졸의 대답에 토정이 껄껄 웃으며 말했다. "우리는 살 만큼 살았으니 그냥 이 길로 가겠네. 수고하게."

토정이 포졸을 지나 한참을 걸어가는데 따라오던 제자가 말했다. "스승님, 잠시만 여기서 기다리십시오. 포졸에게 잠시 다녀오겠습니다." 토정이 무슨 일이냐고 물었다. "예, 사주를 좀 보고 도움 되는 말을 해주고자 합니다." 제자의 말에 토정이 빙그레 웃으며 말했다. "그렇다면 안 가도 된다. 저런 사람이라면 나쁜 운명이 알아서 피해가는 법이다."

레이 커즈와일은 저서 『특이점이 온다The Singularity Is Near』에서 사실상의 유토피아를 예견했다. 특이점이란 인공지능이 인간의 지능을 뛰어넘는 기점의 의미다. 특이점 이후에는 인간이 인공지능을 이해할 수 없게 되므로 인공지능에 의해 인간이 통제될 것이라는 우려도 팽배하다. 커즈와일에 따르면 유전학, 나노기술, 로봇 혁명을 통해 인간의 수명은 급격히 늘어난다. 인공지능 플랫폼과 연결된 인류의 지능은 무한 확장된다.

'인간은 기계가 되고 기계는 인간이 된다'라는 책의 슬로

건처럼 생물학적 인류의 시대가 끝나고 새로운 인류의 시대가 열리는 것과 같다.

2040년대 중반, 유토피아와 디스토피아 중에서 인공지능이 우리에게 전자를 선사한다면 우리의 하루에도 많은 변화가 올 것이다. 출근과 퇴근이 사라지고 일 자체가 없어질 것이다. 장기간 교육 받는 시스템은 불필요해진다. 지식 플랫폼에 연결된 인간 개개인은 사실상 모든 것을 알게 된다. 유희의 동물인 인간은 언제든 신나는 즐길거리를 찾아 하루하루를 색다르게 보낼 수도 있을 것이다. 그렇게 된다면 우리를 괴롭히고 있는 많은 걱정거리가 사라져 우리는 전혀 새로운 의미의 인간적 삶을 누릴 수 있게 될지도 모른다.

우리의 의사와 상관없이 천재들이 꿈꾸는 세상은 어떤 모습으로든 우리 눈앞에 훌쩍 다가올 것이다. 그들의 연구가 공익적 가치를 잊지 않음으로써 미래의 세상이 디스토피아가 되지 않기를 다만 바랄 뿐이다. 개인적으로는 커즈와일이 그리는 세상을 접해보고 싶다. 나의 뇌가 전 인류

의 모든 지식이 탑재된 플랫폼과 연결될 때 내 눈에 바라보
이는 세상이 어떨지 몹시 궁금하다. 우주의 비밀과 생명의
신비 따위를 모두 깨닫게 될까? 그리고 그때의 세상에서는
슬픔과 노여움 없이도 살아갈 수 있게 될까?

그대는 나를 생각하면 날카롭고 예민한 성격부터 떠오를지 모릅니다. 기질적으로 완벽을 추구하는 성미가 달리 어딜 가지는 않을 테지요. 하지만 동시에 그대는 알 것입니다. 내가 얼마나 유약하고 모질지 못한 사람인지 말입니다.

사람은 누구나 여러 성향을 동시에 품고 있습니다. 때와 환경에 따라 특정한 것이 더 강해지거나 약해질 뿐입니다. 그래서 우리가 사람을 볼 때 그의 근본적 기질과 일시적으로 나타나는 성향을 구분하는 것은 매우 중요합니다. 전자를 중요시하는 한 후자에 믿음이 흔들리지 않을 수 있습니다. 한 사람의 전자를 사랑했다면 그의 후자는 참고 기다려줄 수 있어야 한다고 생각합니다.

그대에게 나는 전자를 인정받았지만 후자로 포기되었습니다. 우리가 나누었던 것이 과연 사랑이었나에 대한 회의도 많이 들었습니다. 하지만 시간이 지나고 나니 받아들일 수 있게 되더군요. 사랑에도 특이점이 온다는 것을 알았습니다.

좋지 않은 시기가 길어지면 일시적 성향이라는 것도 어쩔 수 없이 지속됩니다. 사람의 근본적 기질을 넘어서는 순간이 있는 것 같습니다. 그 순간이야말로 극히 일시적이라고 하더라도 그대에게는 견디기 힘든 시간이었을 것임을 이해합니다.

무엇인가를 이루기엔 너무 짧은 시간, 무엇인가가 일어나기엔 충분히 긴 시간. 하루는 호수에 던지는 돌멩이와 같습니다. 무엇인가가 진짜 일어나는 곳은 수면 아래입니다.

매일 돌멩이를 집어 호수를 향해 던지고 있습

니다. 미래의 내가 과거의 나를 넘어서는 특이점의 그날 수면 아래 돌멩이들이 탑을 이루면 지금의 나도 많이 달라져 있을 것이 틀림없습니다. 그때 그대를 만날 수 있었으면 좋겠습니다.

욕망의 너머

토마스 하디의 『귀향The Return of the Native』에서 여자는 대도시 파리를 동경한다. 지긋지긋한 고향을 떠나 화려한 도시 생활을 꿈꾸는 그에게 욕망의 실현 수단은 남자다. 하지만 남자는 이미 사람들의 위선과 가식으로 가득 찬 도시에 염증을 느끼고 고향에서 자연과 벗하며 살기를 꿈꾼다.

서로 다른 방향을 바라보고 있는 두 사람의 눈길이 마주쳤으니 불행의 씨앗이 잉태되는 것은 당연하다. 여자의 욕망과 남자의 이상은 접점을 만들지 못한다.

욕망 하면 떠오르는 영화가 〈욕망이라는 이름의 전차

A Streetcar Named Desire〉다. 아름다움과는 거리가 먼 영화다. 욕망의 파괴성이 스토리 전반에 흐른다. 극중 인물 그 누구의 삶과도 닮고 싶지 않을 만큼 인물들은 불행한 현실에서 허우적거린다.

영화 속 불편함은 오늘날 우리의 주변 어딘가에서도 계속되고 있다. 전차의 이름은 여전히 우리가 무엇에 몸을 싣고 살아가고 있는지 말해준다.

욕망과 이상은 언뜻 비슷하지만 전혀 다른 힘으로 사람에게 작용한다. 욕망은 손을 내밀면 닿을 듯한 자리에서 사람을 유혹한다. 따라서 쟁취되지 않는 욕망은 지독한 갈증으로 남는다.

욕망의 달성은 새로운 욕망으로 곧바로 이어진다. 반면에 이상은 먼 거리에 있다. 손을 내미는 정도로는 도달하기 어려운 위치다. 그리하여 이상은 손이 아니라 발을 요구한다. 방향을 잃지 않고 천천히 오랫동안 걸어야 손으로 만날 수 있다. 이상으로 향한 길은 더디지만 갈증을 일으키지 않는다. 이상에의 도달이 아니라 이상향^向의 과정에 진정한 보람이 있기 때문이다. 욕망은 눈을 어둡게 하고 이상은 눈을 반짝이게 한다.

그러나 인간은 근본적으로 욕망의 동물이다. 이상의 동물이 아니다. 티브이 광고는 내일의 이상이 아니라 지금 당장의 욕망을 자극한다. 차나 아파트 광고는 빚을 내서라도 욕망을 실현할 것을 주문한다. 인간에게서 욕망이 제거되면 지구 위에서 경제라는 단어는 증발할 것이다. 우리가 살고 있는 자본주의 사회 자체가 욕망 위에 건설된 체제나 다름없다.

이상을 꿈꾸고 이상을 향해 묵묵히 전진하는 사람들을 이 사회는 좋게는 이상주의자, 나쁘게는 현실 부적응자로 부른다. 공적인 이상을 향해 헌신했던 사람들 덕에 작금의 세상이 가능했다는 사실은 몇몇 기념일이나 되어야 겨우 조명되고 넘어갈 뿐이다.

욕망하지 않고 살아가는 것이 불가능하다면 차라리 맘껏 욕망하는 게 답일 수도 있겠습니다. 사랑도 돈도 성공도 그 욕망의 끝에 도달해보지 않고는 실체를 알 수 없는 것인 만큼 차라리 욕망의 유혹에 충실히 끌려가는 것이 욕망에서 벗어나는 길일지도 모르겠습니다.

나는 그대를 욕망했던 것 같습니다. 나는 사랑한다고 생각했지만 사랑 너머에 도달하고 나서야 비로소 진정한 사랑의 모습을 보았습니다. 진정한 사랑이 향했어야 할 이상과 멀리 떨어져서 그대에 대한 욕망으로 들끓고 있던 한심한 나의 모습을 보았습니다.

욕망의 실체를 확인했을 때 욕망의 끝에서 해

야 할 일을 알았습니다. 『느릅나무 밑의 욕망

Desire Under the Elms』을 읽었을 때 애비와 이븐의

욕망과 욕망이 충돌하다가 사랑으로 전화轉化하

는 대목에서 일종의 카타르시스를 느꼈습니다.

그들의 사랑은 욕망의 끝에서 피어났습니다. 진

정한 사랑은 어쩌면 욕망 너머에서 기다리고 있

는 것인지도 모른다는 생각을 했습니다. 그들의

속죄처럼 나도 지난날의 어리석음을 반성하고

있습니다.

사랑의 이치

한 남자가 있다. 부인이 다른 남자와 눈이 맞아 집을 나 갔다. 억울함과 분노가 가시지 않아 이혼 요구를 들어주지 않은 채 몇 년을 보냈다. 아이들은 본인이 최선을 다해 키 웠다.

〈매디슨 카운티의 다리The Bridges of Madison County〉와 〈폴 링 인 러브Falling In Love〉는 공교롭게 둘 다 메릴 스트립 주 연의 영화다. 빼어난 미모는 아니지만 왠지 마음이 끌리는 지적인 얼굴을 가진 배우다.

많은 영화가 이른바 불륜을 다룬다. 영화 속 인물들이 펼치는 사랑 이야기는 절절하고 아름답게 느껴진다. 내용이 내용인 만큼 불륜을 사랑으로 미화하는 나쁜 영화일 뿐이라고 일축하는 사람들도 많지만.

단편 문학의 천재라고 불리는 러시아 작가 안톤 체호프의 단편 소설 중 「개를 데리고 다니는 여인」이 있다. 러시아의 휴양지 얄타 해변에서 40대 유부남과 20대 유부녀가 사랑에 빠진다. 2차 세계대전 종반 미국, 영국, 소련의 수뇌부들이 독일의 패전 이후를 논의하기 위해 회담을 열었던 흑해 연안의 그 얄타 맞다.

처자식이 있지만 결혼 생활에 만족을 느끼지 못하는 바람둥이 구로프와 애정 없는 결혼 생활로 삶의 기쁨을 잃어버린 안나는 휴양지의 밀애에 빠져든다. 시간은 빠르게 흘러 헤어질 시기가 다가온다. 구로프에게 불륜은 그저 일상이어서 안나의 순수함은 그에게 유치할 뿐이다. 하지만 헤어지고 난 뒤 구로프는 안나를 갈구하게 된다. 안나가 사는 S시로 찾아가 안나와 재회한 뒤 주기적으로 만남을 이어가게 된다. 두 사람의 사랑은 어떻게 될까?

처녀 총각일 때는 연애하다가 헤어져도 누가 뭐라고 하지 않는다. 결혼이라는 골문을 향해 전진하는 과정으로 보기 때문인 모양이다. 일단 골라인을 넘어서면 부부라는 관계로 묶이고, 당사자 외의 사랑은 정서적으로 허용되지 않는다. 불륜이라는 딱지를 붙인다. 그러나 법은 개인의 성적 결정권에 국가가 개입하는 것이 타당하지 않다는 입장에서 간통죄를 폐지한 바 있다.

불륜은 '아니 불不'에 '인륜 륜倫'을 쓴다. 인륜에 어긋난다는 것이다. 일단 결혼하면 부부끼리의 사랑만을 인륜적이라고 본다는 관점이다. 이 단어가 언제부터 사용되었는지 모르겠으나 이 단어를 들을 때마다 나는 불편해진다. 신분제 시대에는 왕 하나를 위해 수많은 처녀들이 삶의 단출한 행복을 포기한 채 궁궐에서 늙어갔다. 양반들은 본부인 외에 여러 첩을 거느렸다. 이들에게는 그게 인륜이었다.

이게 꼭 왕조 시대의 얘기만은 아닌 게 내 학창시절만 해도 '작은 어머니'를 둔 친구들이 여럿 있었다. 젊을 때 소위 '첩질'하고 늙고 병들어서 힘없으니까 만만한 조강지처에게 돌아와 병수발이나 들게 한다고 갈 때마다 남편을 구박하던 친구 어머니가 떠오른다.

두 영화는 혼외 사랑을 미화하지 않는다. 그저 이런 사랑도 있다고 보여준다. 결혼이 인간의 감정을 한 사람에게만 고정되도록 리셋할 수 없다는 사실을 인정하기 때문이다.

결혼했으면 책임을 다해야 하는 것 아니냐는 입장을 이해한다. 그런데 냉정히 얘기해서 사랑하니까 결혼하는 것이지 책임을 지기 위해서 결혼하는 것은 아니다. 책임은 도의적인 것이요 사랑은 본능적인 것이다. 시대와 상관없이 다양한 생각이 혼재하므로 사랑하지는 않지만 책임을 지기 위해서 결혼한다는 사람들이 없진 않겠지만 주류를 이루지는 않을 것이다.

내가 보기에 책임은 사회의 보편적 가치와 거리가 멀다. 그것이 보편적이라면 예전처럼 종신 고용이 지켜져야 한다. 고용주는 노동자에 대해 노동자는 회사에 대해 책임을 져야 한다. 불가능한 얘기다. 사회생활 하면서 사람과 만나고 사귀었다가 헤어지는 일은 비일비재하게 일어난다. 자주 어울려 술 마시고 놀다가도 마음이 맞지 않으면 하루 저녁에도 관계가 정리된다.

그런데 유독 결혼 생활에서는 사회생활에서 자연스러운 일들이 억압되는 것이 당연시 된다. 사랑하는 마음은 어디론가 증발해버렸는데 동지 의식으로 산다, 정 때문에 산다는 말을 아무렇게나 한다. 그렇게 살아서는 행복하지 않다는 것을 주위 사람들을 보면서 깨닫는다. 많은 중년 부부가 섹스리스로 지낸다. 서로의 몸에 이끌리지 않는다는 얘기다. 스킨십 없이도 얼마든지 정신적으로 사랑할 수 있을 가능성은 인정한다. 하지만 섹스리스 커플들은 그런 사랑을 행복하다고 말하지 않는다.

부인을 보내주라고 조언했다. 누군가는 멈출 수도 있었겠지만 그의 부인은 자기의 사랑을 향해 움직였다. 그에게 중요한 것은 현재의 사랑이다. 남편을 사랑하지만 집 밖의 사랑이 더 클 수도 있고, 남편을 사랑하지 않는데 진짜 사랑을 만난 것일 수도 있다. 부인은 사랑을 하고 있는 것이 분명하다. 남편이 하는 것은 사랑이 아니다. 사랑이 아닌 것으로는 사랑을 막을 수도 사랑을 되찾아올 수도 없다.

부인의 사랑이 어떤 결과로 이어지든 남편이 상관할 필요는 없다. 다만 행복하기를 빌어줘야 한다. 그것이 사랑했던 사람에 대해 가져야 하는 자세다. 부인의 생각과 행동에 인륜의 잣대를 들이밀면 안 된다. 그 잣대는 가짜다. 사회의 필요에 의해 변천되어온 제도에 불과하다. 각자의 삶을 살아야 한다. 이혼을 해야 한다.

사람들은 불륜을 저질렀다고 부인을 욕하고 아버지의 책임을 다하며 살아온 남편에게 동조할 것이다. 하지만 누군가의 이해되지 않는 어떤 행동은 본능적으로 자신의 삶을 이어가기 위한 자신만의 몸부림일 경우가 많다.

'불륜'은 내용이 아니라 형식을 규정하고 단죄하는 단어요, 언제나 안에서 밖으로 화살을 쏠 때 사용하는 단어임을 우리는 기억할 필요가 있다.

안나 카레니나가 브론스키를 향해 간 이유는 그렇게 하지 않고는 질식해 죽을 것만 같았기 때문이다. 남편의 체면과 타인들의 평가를 위해 안나가 시들어갔어야 옳을까?

소설에서 안나는 비극적으로 삶을 마감하지만 안나의 사랑이 지금도 수많은 사람들에게 읽히는 이유는 오늘날에도 부부 간에는 부부 외에 알 수 없는 문제들이 있다는 반증이다. 내가 가정에서 나의 존재가치를 인정받으며 더 나은 나로 성장하고 있다고 느끼지 못할 때 우리 안의 안나가 꿈틀거리는 것은 지극히 당연하다.

불륜과 비슷한 뜻으로 패륜이라는 단어가 있다. 반인륜이라는 단어도 있다. 쓰임새가 각각 다르다. 불륜이라는 말은 패륜과 반인륜은 아닌데 자연스러운 것으로 인정하기엔 뭔가 사회적 가치에 손상을 입힐 것 같기에 억지로 만들어낸 단어 같은 느낌이 든다.

현재와 같은 방식의 결혼제도도 언젠가는 전혀 새로운

방식으로 변화할 것이다. 그때가 되면 이 단어도 다른 것으로 교체될지 모르겠다.

결혼 15년차에 보았던 〈메디슨 카운티의 다리〉는 미혼일 때 보았던 것과 전혀 다른 영화였다. 어떤 사랑도 주관적인 잣대로 재서는 안 되겠다는 깨달음을 얻었다.

사랑도 사람의 일이라 밝음과 어둠의 양면 모두를 가지고 있습니다. 꽃이 피고 열매가 열리는 시절이 있는가 하면 꽃이 지고 열매가 떨어진 뒤 낙엽이 뒹구는 시절이 있는 것이 자연의 이치라서 자연의 일부인 사람의 일은 그 어떤 것도 그 이치에서 벗어날 수 없습니다. 다만 때를 인정하는 것이 할 일이겠지요.

누군가에겐 가을이 오기까지 많은 날이 주어졌지만 누군가에겐 봄비 다음 날 바로 늦가을 서리가 내릴 수도 있는 것이 사랑입니다.

다시 사랑을 이해하고 싶으면 우리는 들을 거닐고 산을 올라 보아야 합니다. 사랑의 이치가 도처에 있었다는 사실을 아프게 깨닫게 될 것입니다.

다시, 사랑의 길

20대의 나는 오래도록 가슴에 품었던 연정에 한계를 설정해두고 있었다. 사랑으로 발전시키지 않도록 마음을 항상 조절했다. 그런 의도적인 노력에 갇히는 에너지는 다른 쪽으로 터져 나가기 마련이다. 뜨거운 스무 살은 나에게도 예외가 아니었다.

오래 지속되지 않은 짧은 사랑들이 있었다. 사랑은 사랑의 기간에 상관없이 사람의 가슴에 반드시 흔적을 남긴다. 어떤 사랑은 그리움으로, 어떤 사랑은 미안함으로, 또 어떤 사랑은 끔찍함으로.

알바 자리가 널려 있었고 미래에 대한 희망도 컸던 시대였으므로 그 시절의 20대에는 낭만이 있었다. 낭만과 우울은 서로를 삼키며 사랑의 감정을 일으켰다.

20대에 해야 할 것은 고생이 아니라 공부와 사랑이다. 나는 이렇게 생각한다. 도서관에서 책 보는 시간보다 알바 하는 시간이 긴 20대의 삶은 서글프다. 나의 지난날을 돌이켜보니 고생하면 풍부해지는 것은 감성뿐이었다. 채워지지 않은 지적 욕구는 갈증만을 일으켰다. 파김치가 되어 자취방에 돌아오면 대학에 공부를 하러 온 건지 알바를 하러 온 건지 헷갈릴 때가 많았다. 사서 하는 젊어 고생이라면 고생 뒤에 낙이 와야 한다. 그 낙을 소수만이 누리게 된다면 문제가 심각하다.

독일에 갔을 때 독일 대학들은 수업료가 무료라는 말을 듣고 충격을 받았다. 터키 이민자 자녀들이 급증하기 전에는 외국인 유학생들에게 생활비를 지급하는 대학도 많았다는 말에는 아연실색했다.

현지 지사의 한 독일인이 말했다. "청년은 나라의 미래인데 나라의 미래인 청년에게 돈을 받고 교육시킨다는 게 말이 되느냐? 대학생이 해야 할 일은 오직 공부와 사랑이다. 공부는 개인과 나라를 능력 있게 만들고 사랑은 개인과 나라를 따뜻하게 만든다." 환경의 차이가 생각의 차이를 만든다는 것은 사실이었다. 독일로 유학하지 않은 것이 후회스러웠다.

사회가 미래의 주역을 배려하는 시스템을 만든다면 미래의 주역들은 고생 끝에 낙이 온다는 믿음을 버리지 않고 기꺼이 고생을 감당할 것이 분명하다. 사회를 위해 기여하려는 생각이 머릿속에 저절로 싹틀 것이다. 낙이 온다는 믿음을 가진 뜨거운 청춘들이 공부한답시고 연애를 포기할까? 연애는 공부에 도움이 되면 되었지 방해가 되지 않는다. 서로의 미래를 위해 더 열심히 공부해야 할 이유를 갖게 되기 때문이다. 물론 공부에 하등 도움이 되지 않는 관계도 존재하겠지만.

공부할 시간이 많지 않던 나는 전공 공부보다 마음을 당기는 책들에 시간을 집중했고, 허전한 마음을 연애로 채웠다. 다행히 그때는 고생 뒤에 낙이 있었던 시절이어서 불안하지 않았다.

　스마트폰은커녕 이메일도 없던 시절의 연애란 불편하기 짝이 없었다. 만나지 못하는 날에는 전화를 받을 수 있는 시간에만 서로의 목소리를 겨우 들을 수 있었다. 전화할 때마다 다른 누군가의 '교환'을 거쳐야 할 경우가 많았고, 주위를 의식하여 자기검열을 거친 내용으로 짧은 시간만 통화할 수 있었다. 그것이 편할 리 만무했다. 그저 그런 방식이 당연하게 받아들여진 세상이어서 그렇지 요즘의 연인에게 그 시대의 방식으로 한 달만 연애하라고 하면 아마 답답해서 미칠 노릇이라고 말할 게 확실하다.

　그 시절 읽었던 소설 속 인물 중 내가 가장 좋아했던 캐릭터는 제인 에어Jane Eyre였다. 제인은 부모를 일찍 여의고 외삼촌 집에서 외숙모와 사촌들에게 구박을 당하며 살았지만 억울하다고, 세상이 공평하지 않다고 소리칠지언정 좌절하지 않았다. 그는 못생기고 성격도 까칠했기에 사회에서 환영받기엔 약점이 많았지만 사회의 낡은 인습에 굴하지 않고 당당하게 자신의 길을 걸었다.

　제인에게는 사랑과 결혼도 조건이나 계산과 거리가 멀었다. 제인은 이성보다는 감성을 따랐고, 사회적 규범에 얽매이기보다는 그것을 타파하는 부류였다. 로체스터를 떠났다가 다시 돌아와 전 재산을 잃고 한 쪽 눈과 한 쪽 팔까지 잃은 그와 결혼하는 이유도 그가 바로 그런 남자였기 때문이다. 그의 경제적 상황과 신체적 상태는 사랑에 아무런 장애가 되지 않았다. 제인의 눈은 언제나 사람의 내면으로 향했기 때문이다. 이런 여자를 어떻게 사랑하지 않을 수 있겠는가?

　"함께 있다는 것은 우리에게 있어서 혼자 있을 때처럼 자유로우며, 동시에 여럿이 같이 있을 때처럼 즐거운 것을 의미한다."

　제인은 로체스터와 서로 완전히 신뢰하고 일치하고 화합한다고 말할 만큼 행복한 결혼 생활을 이어갔다. 나는 제인과 같은 여자를 만나고 싶었다.

———

『제인 에어』는 커러 벨Currer Bell이라는 남성 작가에 의해 발표된다. 험한 환경에서 스스로 자신의 운명을 개척하는 여주인공을 내세운 이 책은 출간 즉시 화제가 되었다. 그리고 실제 지은이가 여자인 샬롯 브론테Charlotte Bronte라는 사실이 알려지면서 영국 사회가 크게 요동쳤다.

샬롯의 삶은 소설 속 제인의 삶에 그대로 투영되었다. 작가의 삶을 알고 읽는 『제인 에어』는 그냥 소설로 읽히지 않는다. 샬롯은 책 속 분신의 말처럼 새가 아니어서 어떤 그물로도 잡을 수 없는 독립적인 의지를 지닌 자유로운 인간이었다. 그는 짧고 불운한 삶을 마감했지만 그는 제인 에어로 영원히 살고 있는 중이다.

시한부의 삶을 살면서 사람이 모든 것을 다 얻을 수만은 없다. 얻는 것이 있으면 잃는 것도 반드시 생긴다. 사람들은 무엇을 얻을지만 생각하지만 정작 중요한 것은 무엇을 잃을지에 대한 것이다. 인생에 정작 절대적인 영향을 미치는 것은 잃는 것이다. 잃어서 더는 되찾을 수 없을 때 때로 인생은 그 지점에서 멈춘다. 그중에서 가장 강력한 것이 사랑이다. 모든 것을 얻어도 단 한 사람을 잃는 것으로 얻은 모든 것이 무의해지도록 만드는 것이 사랑의 위력이다.

어쩌면 젊은 날부터 우리가 사람과 만나고 사람과 헤어지면서 누적되는 사랑에 대한 경험은 단 한 사람을 향한 것인지도 모른다. 여러 사랑을 겪어봤기에 익히 실체를 알고 있다고 여겼던 감정들이 전혀 새로운 형태로 변이할 때 우리는 당혹감을 감출 수 없다.

사람이 달라질 때 사랑도 기존과는 완전히 다른 양상을 띤다는 사실을 어느 순간 우리는 깨닫게 된다. 얻은 모든 것을 잃어서라도 잃은 한 사람을 얻을 수 있다면 기꺼이 그 거래에 응하고자 하는 마음을 사랑이 아니면 설명할 길이 없다.

사랑이 부리는 기쁨과 슬픔, 행복과 불행, 웃음과 눈물의 마법을 충분히 맛본 사람이라면 자신만의 한 사람이 누구인지 말할 수 있을 가능성이 있다.

그 사람은 우리를 부끄럽게 만든다. 그 사람에 대한 사랑이 우리의 밑천을 드러내게 만들기 때문이다. 우리가 얼마나 한심한 수준의 그릇인지 보게 만든다. 그 사람은 우리를 지금보다 더 나은 사람이 되게끔 자극한다. 더 나은 사람이 되지 않고는 그 사람을 얻을 방법이 없기 때문이다. 그리고 그 사람은 우리를 죽고 싶게 만든다. 그 사람 없이는 인생이 아무 의미를 갖지 못하기 때문이다. 자신만의 한 사람이 누구인지 알게 되었을 때 그때 비로소 우리는 사랑에 대해 눈을 뜬다.

지나간 모든 사랑이 아름다운 이유는 그 사랑들이 모여 현재의 눈을 갖도록 도와주었기 때문이다. 눈을 뜬 사람은 마침내 자신만의 사랑에서 벗어나 상대를 위한 사랑을 할 수 있게 된다. 그렇게 눈을 뜬 두 사람이 만났을 때 제인 에어와 로체스터의 사랑처럼 완전한 사랑이 시작될 수 있을 것이다. 중요한 것은 내가 먼저 눈을 뜨고 있어야 한다는 사실이다.

삶이 우리를 속이고 농락할 때, 삶이 우리가 가진 티끌조차도 빼앗아 가려 할 때, 우리는 제인 에어이자 샬롯 브론

테가 한 이 말을 떠올릴 수 있어야 한다.

"적대감을 키우거나 잘못된 일들을 품는 데 쓰기엔 인생은 너무 짧아 보인다. (Life appears to be too short to be spent in nursing animosity or registering wrongs.)"

우리는 다시 사랑의 길로 나서야 한다. 한 사람을 향한 그 길에 당당히 다시 설 수 있는 사람만이 진정 자기 자신을 아끼고 존중하는 사람이기 때문이다.

"나는 나 자신을 아낀다. 더 많이 외롭고 더 많은 친구가 떠나고 더 인정을 못 받을수록 나는 나 자신을 더 존중할 것이다. (I care for myself. The more solitary, the more friendless, the more unsustained I am, the more I will respect myself.)"

— 샬롯 브론테, 『제인 에어』

키도 크지 않고 몸도 말랐으며 얼굴도 평범하기 그지없는 나도 적지 않은 사랑의 경험을 쌓았다. 그 경험이 없었더라면 오늘날 이렇게 글을 쓰는 나는 존재하지 않을 것이다. 사랑에 자신감을 잃었다면 나를 찾아오기 바란다. 나를 보는 순간, 자신감이 분수처럼 솟아오를 테니.

그렇다. 우리 모두는 사랑할 수 있는 능력을 가지고 태어났다. 그 능력이 퇴화해 사라지기 전에 바로 지금 길을 떠나야 한다. 사랑을 잃은 그대 곁으로 나도 다시 출발하고 있다.

#2

의미를 찾는 그대 곁으로

여행 전날의 설렘

젊은 시절에 가장 후회되는 것이 무엇이냐는 질문을 받는다면 세계여행을 하지 못했다는 점이라고 답하겠다. 먹고사는 일과 공부하는 일을 병행하는 게 힘들어서 차마 그 생각을 할 수 없었다. 지난 시절을 돌아보면 일상에 지치고 힘들 때 사람의 생각이 얼마나 작아지고 시야가 좁아지는지 이해할 수 있다.

젊어 고생은 사서 하는 것이라고 했는데 고생을 통해 무엇인가를 깨닫는 것과 깨달은 것을 세상에서 유용하게 활용하는 것은 전혀 다른 것이라는 말을 하고 싶다.

　3개월 동안 막노동을 해서 받은 돈을 어머니께 드리고 딱 일주일을 쉰 뒤 입대했다. 아직 20대의 청춘이라면 그렇게 하지 않길 바란다. 그런 돈은 사실 부모님께 큰 도움이 되질 않는다. 삶을 획기적으로 바꾸지 못한다는 얘기다. 하지만 한창 뻗어가야 할 젊은이에겐 큰 밑천이 된다. 알바로 고생이 많은 청춘들이라면 반드시 악착같이 모아 자신을 위해 쓰기 바란다. 배낭을 짊어지고 세계를 향해 떠나길 무엇보다 추천한다.

　개인적으로 딴지일보 김어준 총수의 여행 방식을 벤치마킹해보길 권한다. 거침없는 언변과 날카로운 통찰이 트레이드 마크인 그는 강연과 글 등을 통하여 젊은 시절의 여행이 자기 삶의 자양분이 되었음을 밝혔다. 그는 전 세계 80여 개국을 다니면서 여행지에서 다양한 아르바이트로 경비를 마련했다고 한다. 그가 한 아르바이트는 지하철 신문 판매, 배낭여행 설명회, 심지어 암달러상, 숙박업 등에 이르기까지 다양하다. 배낭여행 중 숙박업을 한 사연이 재밌다. 그가 스물다섯 살 때의 일이다. 그는 파리의 한 양복점에 이끌리듯 들어가 12만 원인 줄 알았던 120만 원짜리 보스 양복을 산다. 그리고 공원에서 노숙한다. 이유는 딱 하나, 여행 중 돈이 없어서 겪을지 모를 어려움에 대한 여러 걱정보다 당시 현재의 행복이 훨씬 중요하다고 짧은 고민 끝에 결론 내렸기 때문이다. 바로 로마로 떠나 하룻밤 자고 나오면서 김 총수는 숙소 주인에게 소위 숙소 삐끼를 하겠다고 제안한다. 손님을 세 명 데려오면 그 방에 함께 공짜로 재워주고, 다섯 명 이상 데리고 오면 한 사람 추가분부터 수수료를 달라고. 그날 그는 한 시간 만에 서른 명을 데려오게 된다. 일주일 뒤 체코로 이동한 그는 숙소를 일정 기간 통째로 임대한다. 동양인 외에 서양인도 고객으로 유치하기 위해 기차역으로 나가서 한 달간 숙식과 월급을 제공하는 조건으로 영국인 한 명을 고용한다.

한 달 간 잘 먹고 잘 쓰고도 체코를 떠나는 날 그의 수중에는 천만 원이 들어 있었다고 한다. 이 모든 일이 그날 보스 양복을 샀기 때문이라고 그는 말한다. 생전 처음으로 양복을 입은 거울 속의 자기 모습이 너무 멋져서 아직 오지 않은 미래의 어느 날이 아니라 당장 그 친구에게 양복을 선물해야겠다고 결심하고 실행했던 그때의 경험 이후로 그는 '당장 행복해져야 한다'는 삶의 원칙을 지켜왔다고 한다.

김 총수의 여행은 단지 한 청년의 재기발랄한 모험과 기발한 돈벌이 이야기에 머물지 않았다. 1992년 터키 여행 중 카파도키아의 가장 높은 지대에 올라 샌드위치를 먹으려는 그의 앞에 어디선가 열 살가량의 어린아이가 나타났다. 샌드위치를 뚫어져라 쳐다보는 아이에게 어쩔 수 없이 샌드위치를 건네고 통하지 않는 말로 그림을 그려가며 대화를 나눴다. 아이는 쿠르드 족이었다. 부모는 모두 죽고, 형은 사라지고, 자기만 그곳에서 밥을 얻어먹으면서 지낸다는 이야기를 듣는데 김 총수의 눈에서 갑자기 눈물이 왈칵 쏟아졌다. 김 총수는 아이를 껴안고 같이 울었다. 그는 그때의 경험으로 '타자에 대한 감정이입'과 정치, 특히 국제정치에 대한 관심이 생겼다고 한다. "자기 객관화가 되면 타자에 대한 감정이입이 되고 여기서 지성이 생겨난다"고 김 총수는 말한다. 20대의 배낭여행 경험이 아니었다면 그가 자신만의 행복 원칙을 수립하고 세상을 바라보는 남다른 통찰력을 키울 수 있었을까? 그의 얘기를 떠올릴 때마다 나는 내게 아직 오지 않은 날들의 걱정과 번민에서 벗어나 아무 곳에나 불시착하면서 미지의 세상이 전하는 생생한 가르침을 몸으로 직접 느끼고 싶은 충동에 휩싸인다.

내 첫 출장지였던 잘츠부르크의 풍경은 아직도 구석구석 눈에 선하다. 공간이 달라지면 시간도 다르게 흐른다. 느껴봐야 알 수 있다. 그때 내 안의 고정관념이 무너져 내리고 뇌와 심장의 성능이 업그레이드된다. 이후 출장이나 휴양으로 이곳저곳 다녀왔지만 그것은 냉정히 따지면 여행이 아니다. 이런 방식의 여행으로는 자기 자신을 새로운 시공에 완전히 녹여내기 어렵다. 쇠는 일단 녹아야 새로운 모습으로 태어날 수 있다.

제대 후 여름 한 달 간 남도 여행을 다녀왔다. 버스와 기차, 배를 타고 아름다운 조국의 산하에서 아무렇게나 쓰러져 자고 해와 함께 일어났다. 당장 해외로 나갈 여건이 안

된다면 좌절하지 말고 우리나라 곳곳이라도 시간 내서 다녀오길 바란다. 해와 달과 별이 얼마나 많은 다른 모습을 지니고 있는지 가슴 벅차게 느낄 수 있을 것이다. 그 느낌이 인생살이의 원료가 된다.

올해는 사랑하는 후배와 함께 유럽으로 떠날 생각이다. 짧으면 한 달, 길면 석 달의 여정이 될 것이다. 매년 이런 여행을 떠나려 한다. 이젠 세상을 나 혼자만의 시각으로 보지 않을 작정이다.

아무 사전 계획 없이 발길 닿는 대로 돌아다니려 한다. 철저한 무계획, 그것이 우리의 유일한 계획이다.

여행의 진정한 위력은 일상에 복귀한 뒤 발휘될 것이다. 지치고 무기력한 기분이 들 때마다 여행 전날의 설렘을 기억해낸다면 인생을 어떻게 살아야 하는지 우리는 알 수 있을 것이다. 누군가에 의해 강제로 끌려가는 여행이란 재미있을 턱이 없을 테니까.

　가장 행복한 여행은 사랑하는 사람과 함께하는 모든 여행임을 나는 그대와의 여행을 통해 배웠습니다. 그대와의 여행보다 더 행복한 여행을 나는 내 삶에서 다시는 떠날 수 없겠지요. 하지만 더 행복하지 않다고 해서 더 불행한 여행은 아닐 것입니다. 모든 여행은 저마다의 소소한 행복을 예비하고 있을 테니까요.

　일상을 뒤로하고 여정에 오르면 우리가 포섭되어 있는 세상의 촘촘한 그물이 눈에 들어옵니다. 우리를 얽어매고 있는 일상 속 관계가 선명하게 드러납니다. 어쩌면 우리는 불안해서 스스로 그물 위에 발을 얹고 외로워서 서로 인연을

맺으며 살아온 것인지도 모르겠습니다. 우습게
도 우리는 그물 위에서 불안감에 시달리고 인연
속에서 외로움에 사무쳤는데도 말이지요. 그래
서 여행을 통해 우리는 우리의 일상 자체가 아니
라 일상을 벗어나지 못하는 우리의 마음을 해체
시키고 싶어 하는 것이 아닐까 합니다.

앞으로 나는 세상에 경계 따위는 존재하지 않
는 것처럼, 인생에 미래 따위는 무의미한 것처럼
위험한 여행을 자주 떠날 생각입니다. 사랑 후에
도 삶은 계속되어야 하겠지요. 사랑과 새로운 사
랑 사이에서 덩그러니 혼자 남겨진 나의 삶 말입
니다. 여행으로 그 삶 구석구석을 세상과 인생이
고개를 갸우뚱할 불온한 생각과 불순한 동기들
로 채울 작정입니다. 그리고 돌아와 문득, 내가
머물고 있던 일상이 가슴 시리도록 아름답게 보
이는 어느 날 비로소 나는 나의 삶을 다시 사랑

하게 될 것입니다.

　어쩌면 어느 날 나는, 나의 일상과 여행을 바꾸어 몇 개월마다 이국의 도시와 도시로 삶의 무대를 옮겨가며 살다가 가끔씩 이곳으로 훌쩍 떠나올지도 모르겠습니다. 나는 오랫동안 그런 삶을 꿈꾸었기 때문입니다. 그대와 함께했던 시절보다 더 행복할 수는 없겠지만 분명 이국의 커피 향처럼 소소한 행복이 나의 시간 속을 자주 드나들 것입니다.

"정상에서 얼어 죽은 표범이 그 높은 곳에서 무엇을 찾고 있었는지 아무도 밝힐 수 없었다." 헤밍웨이는 그의 소설 『킬리만자로의 눈The Snows of Kilimanjaro』을 이렇게 시작했다. 나는 2년 전 그곳에 올랐다. 킬리만자로는 지구상에서 사람이 걸어 올라갈 수 있는 장소 중 가장 높은 곳이다. 조용필의 명곡 덕에 왠지 동네 뒷산인 양 친근하게 느껴지는 이름이지만 정상에 오르기는 결코 만만치 않다.

킬리만자로 등정 이전과 이후의 내 삶이 바뀌었을까? 당

나는
그대 곁으로
가고 싶다

연히 그렇지 않다. 사람이란 화장실 들어갈 때와 나올 때가 다른 법이라는 말은 진리다. 힘들고 괴로웠던 산행의 기억이야 어제인 듯 눈에 선하지만 몸과 마음은 그 시절의 고통을 잊은 지 오래다. 작은 것일지언정 고통은 늘 현재의 것이 가장 큰 법이니까. 킬리만자로에 다녀왔다고 어디 가서 괜스레 허세를 부려보는 것 외에 사실상 그곳에서의 감동, 교훈 따위는 인생의 작은 추억이 되어 서랍 어딘가에 처박혀 있는 것이 사실이다.

돌아보면 여럿이 함께 보조를 맞추어 느릿느릿 걸어 올라갔기에 공기가 부족한 그곳에서 고산증에 시달리면서도 마침내 정상을 밟을 수 있었던 것 같다. 목표점만 바라보며 혼자 올라가라고 했다면 아마 못 올라갔을 것이다. '폴레폴레Pole pole, 천천히 천천히'는 포터들이 수도 없이 외쳤던 구호다.

그곳에서 가장 감동적이었던 것은 킬리만자로 위에서 바라본 일출이나 구름바다가 아니었다. 생업을 위해 수도 없이 산을 오르내렸을 현지 포터들의 직업 정신이었다.

마지막 정상 등정을 위해 밤 11시에 출발했다. 영하 30도의 어둠 안으로 눈보라까지 몰아쳐 이마에 매달린 헤드랜턴의 조명에 의지에 겨우 앞사람 등만을 주시하며 얼어붙은 몸을 끌고 넋이 나간 채로 걷다 쉬기를 반복했다. 누군가는 어린아이의 환영을 보기도 했고 길을 잃기도 했으며 나는 바위인 줄 알았던 신기루에 손을 기대려다가 미끄러질 뻔했으니 넋이 나간 채로라는 표현이 과장은 아니다. 당장이라도 쓰러질 것 같은 상황에서 포터들은 우리 일행의 가방을 모두 대신 들어주었다. 우리는 맨몸으로도 죽을 지경인데 그들은 자기들의 짐 외에 무거운 배낭 하나까지 각자 두 개의 짐을 짊어지고 오른 것이다. 사실 그날 밤뿐만 아니라 지난 며칠간의 산행 동안 일찍 고산증이 시작된 사람들의 짐을 그들은 대신 짊어지고 걸었다.

"너도 힘든데 짐을 들게 해서 미안하다"고 진심 어린 고마움을 표했다. 그러자 내 짐을 들었던 스무 살의 포터가 이렇게 말했다. "아닙니다, 아녜요, 이건 내 직업인 걸요.(No, no, this is my job.)" 그의 얼굴은 생색을 내지 않았다. 그의 음성은 산사의 스님의 것처럼 들렸다.

킬리만자로를 오른 이방인들에게는 등정 사실을 증명하는 인증서 한 장과 힘들었던 기억이 자랑거리로 남을지 모르겠다. 그러나 현지인들에게 그 산은 일터다. 우리에게는 등산이었지만 그들에게는 생업이었다. 우리에게는 달성이었지만 그들에게는 그저 또 한 번의 일의 마무리였다. 우리는 뿌듯함을 가슴에 안고 돌아와 맥주 한잔에 추억을 얘기하지만 그들은 다시 새로운 누군가의 짐을 대신 지고 눈을 감아도 선할 그 길을 따라 다시 산을 오를 것이다.

해발 3720미터에 위치한 호롬보 산장을 목표로 올라가는 이틀 차의 산행을 맞이한 것은 짙은 안개였습니다. 건기에는 1퍼센트도 되지 않는다는 비 올 확률이 우리의 머리 위로 정확히 낙하했지요. 5~7시간이 걸린다는 등반에는 무려 12시간이 소요되었고, 비바람 탓에 급격히 차가워진 날씨로 인해 사람들에게서 고산증 증세가 나타나기 시작했습니다. 해가 아침부터 자취를 감춘 탓에 이른 시간에 어둠이 찾아왔고 다급해진 포터들이 후반부에 속도를 내기 시작하자 고지 적응을 위한 '폴레폴레'는 목적지에 도달하기 위한 사투의 '빨리빨리' 양상으로 변해 있었습니다. 건물마다 새어 나오는 몇 개의 희미한 불빛을 제외하고는 완벽한 암흑에 갇힌 호롬보 산장에 도착했을 때 우리는 극심한 피로에 지쳐 있었지요. 고산증이 찾아온 이들은 저녁 식사를 건너뛴 채 서둘러 침낭 속을 파고들었고, 남은 자들은 쉽사리 적응되지 않는 탄자니아 음식 냄새에 넌더리를 내며 따뜻한 차와 커피로 얼어붙은 몸을 녹일 뿐이었습니다.

비는 조금씩 잦아들기 시작했습니다. 먹구름 가득한 하늘이 열리며 하나둘 별들이 얼굴을 들이밀더니 밤이 깊어지자 색색의 보석들을 가루 내어 하늘에 흩뿌려 놓은 듯한 장관이 연출되었습니다. 킬리만자로의 밤하늘에서 나는 우리의 머리 위에 언제나 영겁의 세월이 흐르고 있음을 깨달았습니다. 밤하늘에 별들이 빚은 것은 하나의 풍경이 아니라 가늠할 수 없는 시간의 한 조각이었습니다. 그 하늘 아래에서 나는 나에게 주

어진 보잘것없는 길을 어떻게 걸어야 할지 알았

습니다. 그대의 짐을 대신 짊어져 그대 어깨 위

에 내려앉은 무게를 조금이나마 덜어줄 수 있다

면 나의 삶이 헛되지는 않을 것 같았습니다.

인생이라는 영화

한 사형수의 목에 올가미가 씌워진다. 이제 교수형 집행 신호가 내려지면 그의 몸 어딘가에 들어 있던 영혼은 사라지고 그의 몸에 붙어 있던 온기도 사라져갈 것이다. 그런데 올가미가 끊어진다. 차갑게 굳을 운명이었던 그의 몸은 강물로 떨어져 그는 목숨을 구하고 도망치게 된다. 그는 숲으로 달아난다. 달아나며 지난날을 회상한다. 집에는 사랑하는 아내가 기다리고 있다. 아내를 데리고 함께 도망가 새로운 삶을 시작하고자 한다. 아내가 그를 껴안으려는 순간, 소설은 다시 첫 장면으로 돌아간다. 암브로스 비어스의 소설 「아울크리크 다리에서 생긴 일An Occurrence At Owl Creek Bridge」의 줄거리다.

목에 올가미가 걸리고 사형이 집행되기 전까지 주인공의 뇌 속에서 충분히 길고 느렸던 시간을 공감할 수 있었다. 시간이란 그런 것, 시간은 무심히 공간을 흐르는 것처럼 보여도 언제나 우리의 마음 안에서 소용돌이친다. 아우구스티누스의 시간에 대한 사유가 좋았다. 그는 시간이 물리적 법칙이 아니라 마음의 작용에 좌우된다는 것을 알았다.

〈벤자민 버튼의 시간은 거꾸로 간다The Curious Case of Benjamin Button〉에서 벤자민은 노인으로 태어나 아이를 향해 나이 들어간다. 그의 특별한 삶에서 바라보는 시간의 모습은 지금 우리의 눈에 비치는 것과는 많이 다를 것이다. 그런 삶을 가장 아름답게 하는 것도 사랑이라고 영화는 말한다. 벤자민과 데이지의 사랑은 함께 늙어가는 것의 아름다움을 우리에게 확인시켜준다.

〈맨 프롬 어스The Man from Earth〉는 1만 4000년 동안 죽지 않고 살아왔다고 주장하는 한 남자의 이야기를 들려준다. 관객들은 남자의 동료 교수들과 함께 오두막 안으로 빨려 들어가 남자의 환상적인 이야기에 매료될 수밖에 없다. 지구를 지배하는 시간의 물리적 법칙이 우리를 비켜 간다면? 그 멋진 상상 속의 삶을 지켜보면서 질문을 던져보았다. 나라면 예정된 이별 앞에서도 기꺼이 다시 사랑할 수 있을까? 아마도 사랑의 힘이 없다면 그 긴 세월을 홀로 살아갈 수는 없을 것이다.

〈12명의 성난 사람들12 Angry Men〉은 단 하나의 공간에서 단 두 시간 동안 어떤 위대한 일이 가능할 수 있는지 보여준다. 선풍기마저 고장 나 푹푹 찌는 여름날의 비좁은 회의실에서 12명의 배심원은 친부를 죽인 혐의를 받고 있는 소년의 인생을 걸고 살인 사건에 대해 만장일치의 판결을 내려야 한다. 사람들은 의심할 여지가 없는 사건이라며 유죄로 결정하고 빨리 덥고 답답한 공간에서 탈출하고 싶어 한다. 그러나 단 한 명, 8번 배심원이 무죄를 주장하고 나선 탓에 나머지 11명의 배심원도 집에 가지 못하고 남아서 토론에 임할 수밖에 없게 된다. 단 한 명이라도 근거 있는 의문을 제기할 때 그 의문을 해소하기 위한 과정이 왜 필요한지 영화는 보여준다. 영화를 통해 우리는 시간의 가치를 전혀 다른 관점에서 바라볼 수 있게 된다.

영화 〈내일을 향해 쏴라Butch Cassidy and the Sundance Kid〉와 〈스팅The Sting〉에서 로버트 레드포드와 공동 주연한 폴 뉴먼을 좋아한다. 뉴먼은 할리우드 사람들의 호화스러운 삶을 혐오했다. 코네티컷의 시골에 살며 많은 기부와 자선 사업을 한 사람이다. 그가 만든 '뉴먼스 오운Newman's Own'이라는 회사가 있다. 현역 시절 뉴먼은 드레싱 등을 만들어 친구들에게 선물로 주곤 했는데 맛에 반한 친구들이 판매를 권유했다. 규모가 점점 커져 다양한 식료품을 파는 회사로 이어지게 됐다. 이 회사는 1982년 창업 후 그의 사후에도 지금까지 계속 운영 중이다.

회사 홈페이지에 들어가면 폴 뉴먼이 남긴 말이 보인다. "필요한 사람들에게 모두 줍시다.(Let's give it all away to those who need it.)" 사이트 하단으로 내려가면 "수익의 100퍼센트를 자선단체에(100% Profits to Charity)"라는 슬로건이 로고 옆에 선명하다. 폴 뉴먼은 돈을 벌기 위해서가 아니라 돈이 필요한 사람들에게 주기 위해서 이 회사를 경영했다. 재단 홈페이지에 따르면 설립 후 35년간의 기부액은 5억 달러를 넘는다고 한다. 그는 이렇게 말한 바 있다. "나는 운이 무척 좋았다. 행운을 타고난 사람들은 자신들보다 불운한 사람들을 도와야 한다."

지나온 삶의 속도를 돌이켜보면 우리의 삶은 머지않아 저물 것임을 알게 된다. 핑계를 대다 늙어가도 하나의 삶이요, 무엇인가를 이루기 위해 바삐 움직이는 것도 하나의 삶이다. 누구나 멋진 삶을 기대하지만 모두가 기대만큼의 멋진 삶을 살다 가지는 못한다. 인생은 직접 연출하는 영화와 같기에 자기 분수에 맞는 시나리오를 쓰고 예산에 맞추어

스스로 만족할 수 있는 영화를 만들어야 한다. 그러기 위해서는 가장 먼저 인생의 가치를 어디에 둘 것인가 결정해야 한다. 영화로 말하자면 장르부터 선정해야 한다. 얘기할 것이 사랑인지 지식인지 정의인지 유희인지 결정해야 이도 저도 아닌 잡탕밥 대신 깔끔하고 재미있는 영화가 탄생할 수 있을 것이다.

다른 것보다 더 나은 장르란 없다. 예산이 꼭 많아야 하는 것도 아니다. 예산이 적으면 독립영화를 찍으면 된다. 누구에게나 재미있는 영화라는 것도 없다. 우리 인생도 마찬가지일 것이다. 우리는 우리 인생의 연출가인 동시에 관객이다. 일단 나 자신이 재미있어야 한다. 찍는 것도 보는 것도.

〈헐리우드 키드의 생애〉라는 영화가 있습니다. 충무로 2류 감독 명길은 어린 시절의 친구 병석을 찾아갑니다. 명길에게 병석은 선망과 시기의 감정을 복합적으로 일으키는 대상이었지요. 병석은 방대한 영화 지식과 거침없는 행동으로 명길을 주눅 들게 하는 친구였습니다. 하지만 그런 마음을 숨기고 적당히 현실에 발을 딛고 사는 명길에 반해 병석은 영화라는 환상에 사로잡혀 현실에서 멀어집니다. 명길은 그런 병석에게서 불안한 미래를 예감합니다.

세월이 흐른 어느 날 실어증으로 정신병원에 입원한 자신을 찾아온 명길에게 병석이 시나리오 하나를 내주지요. 그 시나리오는 병석이 평생

을 공들여 쓴 것으로 명길은 병석의 완벽한 시나
리오 앞에서 어린 시절의 열등감을 다시 느끼고
맙니다. 영화는 화제를 불러일으키며 대종상을
받게 됩니다. 하지만 명길은 병석의 시나리오가
수많은 할리우드 영화의 주요 장면과 대사를 치
밀하게 짜깁기한 것에 불과하다는 것을 깨달으
며 분노합니다. 자신을 망가뜨린 이유가 뭐냐고
격분하는 명길에게 병석은 나직하게 읊조립니
다. 자신도 몰랐다고, 모두 자신의 창작인 줄 알
았다고 말입니다.

어린 시절 시골의 부모들은 어려운 환경에서
도 위인전집만은 꼭 집안에 들여놓았습니다. 자
식들이 훌륭한 사람으로 성장하기를 바라는 마
음 때문이었겠지요. 매주 서점에 나가보면 온갖
분야에서 나름의 성공을 거두었다는 사람들이
쓴 책들이 쌓여 있습니다. 그 앞에 서면 역시 책

을 많이 읽어야 성공할 것 같다가도 일단 몸부터 만들어야 하는 것 아닌가 하는 생각이 듭니다. 그러다가 몸 만드는 시간을 아껴서 우선 경매나 주식, 암호화폐에 대해 배운 다음 스피치 잘하는 법을 익혀야 할 것도 같습니다.

위인들의 삶을 흠모하고 모방했던 어린 시절의 우리는 이제 동시대의 성공했다는 사람들의 훈수를 따라 그들의 삶에 나침반을 맞춘 채 우왕좌왕합니다. 도착하고 싶은 목적지가 많으니 나침반 바늘이 제정신일 리 없습니다. 훌륭한 사람이 되고 싶은 마음이 없고 반드시 도달해야 할 곳도 없는 나는 사람들이 모여 있는 그 매대를 쓱 지나쳐버리고 맙니다.

나의 손엔 가상의 16밀리 카메라가 들려 있습니다. 화면 밖에서 나는 사람들을 관찰합니다. 나는 화면 안에 없지만 동시에 화면 안에 있습니다. 사람들의 모습에 나를 투영해봅니다. 프레임 안에서 나는 누군가를 기다리고 있습니다. 내 옆자리로 그대가 들어옵니다. 나는 그대에게 미소 짓는 얼굴과 사랑스러운 말 한마디를 건넵니다. 우리는 손을 잡고 다정히 걸어갑니다. 잠시 제작을 멈춘 이 영화의 촬영을 위해 다시 카메라를 열 그날을 기다리며 열심히 시나리오를 보강 중입니다. 보다 풍성한 이야깃거리가 있는 재밌고 사랑스러운 영화를 만들 수 있을 것 같습니다. 그대가 꼭 주연으로 다시 출연해주었으면 좋겠습니다.

바닥 이야기

사업 실패로 밑바닥에 내려갔다가 재기에 성공한 스토리는 이제 식상할 정도로 넘친다. 나는 이런 스토리를 별로 신뢰하지 않는다. 왜냐하면 스토리 안에 뭔가 자연스럽지 않은 흐름이 읽히기 때문이다. 세상에 드러내는 것을 목적으로 이야기가 정리되는 과정에서 극적 효과를 위해 첨가되거나 미화된 것이 아닐까 의구심을 품게 되는 대목을 만나게 된다.

어떤 미담이든 줄여지기보다는 부풀려지는 속성을 갖고 있다. 이것은 인간의 본성이고 스토리를 가공하는 매체의 본성이다. 남자들의 군대 이야기와 비슷하다. 고통은 더 처절하게, 의지는 더 투철하게, 노력 과정은 더 비장하게, 이야기들은 드라마 각본처럼 극적 요소를 갖추고 있다. 너무 극적인 이야기를 대할 때 나는 자동적으로 반감이 든다. 성격 탓이다.

특히, 이렇게 바닥에서 남다른 노력을 통해 올라온 것으로 세상 사람들에게 널리 알려진 사람들과 직접 만나본 뒤로는 많은 스토리에 기획이 가미되는 것이 아닐까 하는 의심을 하게 되었다. 모두 그런 것은 아니겠지만 나는 더 이상 이런 스토리들에 눈길을 주지 않는다.

확률적으로 우리 사회에는 성공하는 사람보다 실패하는 사람이 많다. 시대적, 사회적 기준으로 성공한 사람이 많다면 성공담이 팔릴 리 없을 것이다. 실패한 사람들 중에서 또 소수만이 성공의 길로 올라선다. 그들은 이러저러한 부각 과정을 통해 무대 위에 등장한다. 여전히 바닥에서 허덕이는 사람, 바닥을 탈피했으나 성공 스토리가 만들어지지 않은 사람은 주목을 받지 못한다. 바닥에서 놀라운 성공을 거둔 사람도 일정 기간 일회성 조명을 받은 후에는 새로운 사람으로 교체된다. 새로운 이야기만이 사람들에게 새로운 자극을 줄 수 있기 때문이고, 사람들의 시선을 사로잡을 수 있기 때문이다. 기획 과정에서 과거와 유사한 스토리가 제거되거나 새로운 스토리가 더해질 가능성이 높은 것은 이 때문이다. 드라마틱한 성공 스토리에 지나치게 열광할 필요는 없어 보인다.

살다 보면 예상 밖의 위기가 찾아온다. 그 위기를 처음으로 맞았을 때의 사람들 표정을 나는 놓치지 않는다. 일이 풀리지 않고 하는 일에서 대가를 얻지 못하는 날들의 무력감을 나는 누구보다 잘 안다.

인생을 뒤흔들 만큼의 무력감은 삶의 의미까지 앗아가 버리기 때문에 매우 고통스럽고 동시에 두려운 감정이다. 출구가 보이지 않는 상황에서 해결해야 할 난제들에 정신 없이 치이다 보면 죽는 게 차라리 나을 것 같은 심정에 사로잡히곤 한다. 이런 감정들의 뒤범벅에서 빠져나와 당면한 문제를 하나하나 해결하면서 다시 계단을 올라오는 일은 쉽지 않다.

물은 가장 낮은 곳부터 채우며 올라온다. 깨달음을 얻기 위해 일부러 바닥으로 내려갈 필요는 없지만 밑바닥에 내려가면 얻을 것이 많다는 것은 사실이다. 인생이 예기치 않게 바닥을 쳤다면 첫 번째로 해야 할 일은 그 바닥에서 가능한 한 많은 것을 얻고 다시 올라오는 것이다. 그다음으로는 세상으로 올라와 바닥에서 무엇을 얻었는지 정직하게 들려주는 것이다.

힘들 때면 나는 한 사람을 떠올립니다. 부산에 사는 선배입니다. 사업으로 진 빚을 갚기 위해 선배는 8년간 하루 종일 신문 배달, 우유 배달, 택배 기사, 정수기 수리 기사 네 개의 일로 돈을 벌어야 했습니다. 음악을 좋아하는 선배는 그 시절 이어폰으로 팝송들을 들으며 노래와 관련된 이국의 도시를 여행하는 기분으로 힘든 밥벌이의 현장을 뛰어다녔다고 합니다. 날마다 산동네로 이어지는 긴 계단을 오를 때는 포기하고 싶어지는 마음을 떨쳐버리고 한 번 더 힘을 내 달리기 위해 영화 〈록키〉의 주제곡을 들었을까요?

계단 끝에서 선배가 바라보았을 무수한 바다의 얼굴을 나는 알지 못합니다. 하지만 어느 날

엔가 더 허니드리퍼스The Honeydrippers의 〈씨 오
브 러브Sea of Love〉를 들으며 사랑하는 가족과의
여유로운 해변 산책을 그렸을 선배의 눈물을 알
것도 같습니다. 선배는 8년의 세월을 뒤로하고
문화 기획자로서의 삶을 되찾았습니다. 돈과 성
공을 향해 있던 젊은 날의 열정을 선배는 이제
보람 있는 일과 일상의 행복을 향해 쏟고 있습니
다. 8년간 선배가 이어폰으로 떠났던 음악 여행
기를 나는 하루 빨리 책으로 만나보고 싶습니다.

　힘들 때면 훌쩍 우리도 부산으로 떠나보면 어
떨까요? 선배가 땀을 닦던 그 계단 위에 서서 바
다가 들려주는 이야기를 들으면 우리도 우리 각
자의 바닥을 박차고 올라올 힘을 얻을 수 있을
것입니다. 그때 나는 그대를 힘들게 했던 지난날
을 반성하며 나의 가슴 안에 저 넓은 바다를 받
아들이고 싶습니다. 함께 가시겠습니까?

감성의 힘

한남동에 있는 후배네 카페에서 사람들과 술 한잔 기울이다가 세상이 갈수록 삭막하고 매정해지는 이유를 나는 이렇게 간단히 진단한 적이 있다. "금 기운 때문입니다"라고.

우리가 발 딛고 사는 땅에는 목화토금수木火土金水 오행의 기운이 작동한다. 아주 단순화해 말하자면 도시 안의 온갖 빌딩과 차들, 가로등, 간판, 아스팔트 등은 모두 금 기운이다. 금 기운으로 이미 가득 차 있는 곳에서 우리는 날마다 컴퓨터, 스마트폰 등 금을 만지며 산다.

금은 자르는 기운이다. 연결이 아니라 단절이다. 금은 차갑고 날카로운 기운이다. 온기가 아니라 한기다. 서늘한 냉기마저 내뿜는다. 금은 또한 물질을 의미한다. 도시는 물질과 물질을 향한 인간의 욕망으로 마구 뒤섞여 있는 살기의 공간이다. 금 기운이 강해질수록 목 기운은 억눌린다. 사람과 사람간의 연결과 소통, 온기와 온정은 사라질 수밖에 없는 것이다.

사람들이 "돈 벌어서 전원으로 가고 싶다"고 입버릇처럼 이야기하는 것에는 다 이유가 있는 셈이다. 당장 떠나지 못하는 사람들은 메말라가는 정서를 달래기 위해 자기도 모르게 반려동물을 키우고 때때로 밖으로 나가 흙을 밟으며 숲길을 걷고 새들의 지저귐을 들으며 흘러가는 물을 바라보는 것이다. 금 기운을 줄여서 대신 목 기운으로 채울 수 있다면 우리의 일상은 지금보다 더 따뜻해질 것이다. 개개인의 감성이 풍부해져서 서로가 서로를 돌아볼 수 있다면 금력과 권력을 잣대로 강자와 약자가 나뉘는 사회의 천박

함은 서서히 사라질 것이다.

　하지만 이것은 동화 같은 이야기이기도 하다. 도시에는 나무와 풀과 물을 위한 땅이 많지 않다. 사람의 땅에는 돈이 되는 것이 먼저 들어서게 되어 있다. 실제로 금 기운이 줄어들기는 어려울 것이다.

　좋은 방법이 없을까 생각해보았다. 내가 생각하는 현실적인 방법은 이렇다. 초등학교 1학년부터 고등학교 졸업할 때까지 12년간의 음악 수업 시간을 잘 활용했으면 한다. 어차피 재능 있는 소수의 학생 외에는 알아듣지도 못하는 음악 이론 공부와 시험은 부디 없애고 대학과 사회로 진출하기 전 선호하는 악기 하나씩은 연주할 수 있도록 실용음악을 가르쳤으면 한다. 그리고 시설이 잘 갖추어진 음악 감상실에서 좋은 음악을 제대로 들을 수 있는 기회를 많이 마련해주길 바란다. 음악은 금 기운의 날카로움을 해소해준다. 음악을 듣는 것은 귀이고 연주하는 것은 손이지만 음악으로 정화되는 것은 영혼 그 자체다.

나는 제대로 연주하는 악기가 없다. 대학 시절 기타 코드를 조금 배우다 말았고 딸이 다니는 피아노 학원을 1개월 함께 다닌 것이 전부다. 음악적 재능이 전무한데 손가락은 곱았고 배우는 데 별도의 시간과 비용이 드니 자꾸만 후순위로 미루다가 결국 익히지 못했다. 학교에서 가르쳐주었으면 얼마나 좋을까 하는 생각이 들었다. 12년간 음악 수업 시간을 채웠던 음악 이론은 하나도 기억나지 않는다. 악보 볼 줄도 모른다. 내 주위 사람들은 대부분 나와 비슷한 수준이다. 그저 노래방에서 반주에 맞춰 소리나 지르는 게 전부다.

지금도 기억에 생생한 딱 한 번의 음악 수업이 있다. 고등학교 2학년 때다. 음악 전공한 사람이 맞는지 의심이 들 만큼 항상 인상을 잔뜩 찌푸리고 수업하던 음악 선생님의 표정이 그날은 조금 달랐다. 우리는 생전 처음 음악 감상실에 앉아 있었다. 선생님은 스메타나와 안익태의 삶에 대해 이야기했다. 작곡가들의 삶을 알게 되자 그들이 살던 시대를 이해할 수 있었고 그들이 왜 〈나의 조국〉과 〈코리아

판타지〉를 작곡했는지 납득할 수 있었다. 압권은 역시 음악 감상. 선생님은 실내의 조명을 모두 내렸다. 이윽고, 어둠 속에서 아련히 들려오는 〈나의 조국 제2곡 몰다우〉, 스메타나가 베토벤처럼 청각을 잃은 상태에서 작곡했다는 음악. 나의 척추에 소름이 돋았다. 고막을 찢을 듯이 달려드는 음악의 하이라이트 대목에서 나는 '음악이 이토록 아름다울 수도 있구나' 하고 감탄했다. 내가 음악과 사랑에 빠진 순간이었다. 불이 켜졌을 때 나는 알 수 있었다. 친구들도 나와 같은 상태라는 것을. 그러나 그 후 고등학교를 졸업할 때까지 음악 감상의 기회는 다시 오지 않았다. 음악을 듣고 싶어도 음악 감상실의 문은 열리지 않았다.

제대로 된 음악 체험의 순간은 잠들어 있던 사람의 감성을 깨운다. 음악이 귀를 파고들어 심장을 두드리고 혈관을 따라 온몸을 흘러 다니던 그때의 느낌을 나는 지금도 잊지 못한다. 지치고 힘들 때, 우울하여 무기력한 기분일 때 나는 기타와 피아노를 연주할 수 있으면 얼마나 좋을까 생각한다. 내가 빚어내는 감미로운 선율 속에서 나의 영혼은 저절로 치유될 것이 분명하기 때문이다.

뒤늦게 버킷리스트에 추가한 것이 하나 있다. 색소폰을 배우는 것이다. 훗날 케니 지Kenny G처럼 소프라노 색소폰을 연주하는 나의 모습을 상상하면 기분이 좋아진다. 후배가 선물해 준 색소폰을 볼 때마다 나는 상상에 빠진다. 사람들에게 즐거운 일이 있을 때마다 색소폰 연주로 축하해 줄 수 있을 정도의 실력을 갖추고 싶다.

공부와 일, 경쟁에 지친 우리의 마음을 위로하고 우리의 일상에 활력을 불어넣으며 우리 사회를 밝고 따뜻하게 만드는 길은 정말 가까운 곳에 있는지도 모른다. 음악이 모든 것을 해결해줄 수는 없지만 지나고 나서 보면 무의미하게 버려진 무수한 시간을 사람과 사회를 위해 어떻게 쓸 것인가에 대한 고민과 실천의 시작은 될 수 있을 것이다.

백날 책 읽지 않는 문화를 비판하면 무엇 하겠는가? 음악의 즐거움을 몸으로 깨달아야 하는 것처럼 독서의 즐거움 역시 학창시절에 온몸으로 느껴야 한다. 지난 시절의 음악 수업을 떠올리면서, 학교 공부에 재미를 잃고 갑자기 무기력한 나날을 보내면서 가요와 팝, 스마트폰에 빠져 있는 중3 딸이 정신적 방황을 잘 끝내고 돌아오기를 나는 바랐다.

　스메타나는 우리에게 잘 알려진 음악가는 아닙니다. 체코의 음악가로는 〈신세계 교향곡〉을 작곡한 드보르작이 우리에게 친숙하지요. 스메타나의 돌무덤 앞쪽은 항상 젖어 얼룩져 있는데 체코 사람들은 그것을 스메타나의 눈물 자국이라고 생각한다고 합니다.

　음악 선생님이 들려준 얘기는 이렇습니다. 스메타나의 재능을 탐낸 어느 백작이 자기의 딸과 스메타나의 결혼을 추진했는데 돈에 관심이 없었던 스메타나가 결혼을 거부했다고 합니다. 이에 화가 난 백작은 자신의 권력을 이용해 스메타나가 체코 밖으로 나갈 수 없게 만들었답니다. 자신의 음악적 재능을 더 넓은 세계에서 펼칠 수 없었던 스메타나는 제자 드보르작을 가르치는 데 헌신했습니다. 자기의 성공을 가로막은 조국이지만 그는 귀가 들리지 않는 상황에서도 민중과 국토에 대한 절절한 사랑을 음악에 녹여냈습니다. 체코인들의 절대적인 사랑과 지지에도 스메타나의 〈나의 조국〉이 체코의 국가로 선정되지 못한 이유는 어느 한 대목도 자를 수 없을 만큼 음악 전체가 너무 아름답기 때문이라고 합니다.

마음이 답답하여 일에 집중이 되지 않을 때, 책도 눈에 들어오지 않고 글도 써지지 않을 때 나는 스메타나의 음악을 듣습니다. 그러면 묘하게 대자연 속으로 빨려 들어가는 느낌에 사로잡힙니다. 가슴이 뚫리고 다시 차분하게 집중력을 회복하는 나를 발견합니다. 음악의 힘과 그 음악에 연결되어 있는 추억 속의 감성이 나에게 생기를 불어넣는 것입니다. 사람들은 음악과 음악으로 서로 연결되어 있습니다. 그대와 나 사이에 흘렀던 많은 음악은 여전히 내 가슴을 적십니다.

———

나는
그대 곁으로
가고 싶다

약속과 관계

〈어메이징 스파이더맨The Amazing Spiderman〉의 종반, 피터 파커는 한창 수업 중인 교실로 들어와 선생님을 쑥 지나쳐 계단을 올라간다. 다음부터는 지각하지 않겠다는 피터의 말에 교사는 지킬 수 없는 약속은 하지 말라고 대답한다. 그웬의 바로 뒤에 앉은 피터가 나지막하게 그웬에게 뭐라고 얘기하자 그웬이 미소를 짓는다. 그때 피터가 했던 말, "Yeah, but those are the best kind." 구글 번역기를 돌려보니 이런 해석이 나온다. "그래, 하지만 그 종류가 최고야." 자막으로는 "약속은 깨져야 제 맛이지"였다.

딸의 남자친구가 스파이더맨임을 안 경찰서장은 피터에게 딸의 안전을 위해 딸과 헤어져달라는 유언을 남기며 약속을 지켜달라고 부탁한다. 피터는 대답 대신 고개를 숙이고 끄덕일 수밖에 없다. 그러나 냉정히 얘기해서 그것은 약속이 아니다. 그웬의 아빠는 일방적으로 자신의 의견을 피터에게 얘기한 것뿐이다. 약속은 약속이되 쌍방의 합의에 의한 것이 아니므로 진정한 의미의 약속은 아니다.

지켜야 할 약속은 지키지 않고 지키지 않아도 될 약속은 지키는 것, 이게 우리가 약속에 대해 흔히 잘못을 저지르는 방식이다. 영화에서는 고등학생들도 지켜야 할 약속과 깨도 되는 약속을 구분하는데 현실에서는 어른이 되어서도 분간을 못하니 아쉬울 따름이다.

밤 10시가 다가오는 늦은 밤 인적이 끊긴 뉴욕의 어느 어두운 거리를 순찰 중인 경관이 걸어간다. 그는 불 꺼진 철물점 앞에 서 있는 사내를 만난다. 그 사내의 이름은 밥이다. 그는 20년 전에는 식당이었던 그곳에서 친구 지미와 마지막 식사를 하며 20년 후 같은 시각 같은 장소에서 만나기로 한 약속을 지키기 위해 서부로부터 1000마일을 달려왔다고 얘기한다. 순찰을 해야 하는 경관은 "지미는 꼭 올 것"이라는 밥의 말을 들으며 자리를 떠난다. 20분쯤 지났을 때 한 남자가 다가오며 밥이냐고 묻는다. 기다리던 친구가 마침내 나타나자 밥은 몹시 기뻐한다. 친구도 반가워하며 자기가 아는 장소로 밥을 이끈다. 걸어가면서 밥은 서부로 떠난 후의 자신의 출세 과정에 대해 이야기한다. 밝은 등불 아래에 이르렀을 때 밥은 함께 있는 남자가 친구 지미가 아님을 알게 된다. 남자는 밥을 체포한 뒤 쪽지를 건넨다. 쪽지에는 이렇게 씌어 있었다.

"밥, 나는 그 시간에 약속한 장소에 갔었네. 자네가 성냥을 그어 잎담배에 불을 붙였을 때 시카고에서 지명수배가 되어 있는 사나이의 얼굴을 나는 본 것일세. 하지만 아무래도 나는 자네를 체포할 수가 없었네. 그래서 한 바퀴 돌고 와서 다른 형사에게 부탁을 한 것이네. – 지미로부터."

오 헨리의 단편 소설 「20년 후 After 20 Years」의 줄거리다. 지금 이 순간 누군가와 하는 약속을 정확히 20년 후 지킬 수 있다고 장담할 수 있을까? 돌아보는 20년 세월은 찰나에 지나지 않지만 앞에 있는 20년은 긴 시간이다. 아마도 우리 대부분은 20년이 다가오는 어느 때 스마트폰이 자동으로 알려주는 메시지를 통해 오래전 그런 약속을 했었다는 사실을 어렴풋이 기억하기 십상일 것이다. 그러고는 아마도 전화를 걸거나 카톡을 보낼 것이다. 으레 지금의 우리가 하듯 적당한 안부 인사를 나눈 뒤 약속 장소에 나갈 수 없는 급박한 일을 그럴듯하게 꾸밀 것이다. 물론 '언제 밥 한 번 먹자'거나 '언제 술 한잔 하자'는 의례적인 인사도 빠뜨리지 않을 것이다. 또는 완전히 반대로 알람 메시지를 확인하자마자 스마트폰에게 진한 키스를 날리며 약속 장소로 달려 나가게 될지도 모른다.

우리는 사람의 지위에 따라 약속의 가치를 매기는 시대에 살고 있다. 먼 길을 돌고 돌아서라도 아무 계산 없이 내 앞에 나타나줄 누군가를 갖고 있다고, 우리는 자신 있게 말할 수 있는가?

　우리는 살아가면서 사람들과 많은 약속을 한다. 우정이든 사랑이든 사람간의 관계 속성에 따라 약속의 크기와 절절함도 모두 다르다. 약속이 깨져서 관계가 깨지는 경우가 있고, 관계가 깨져서 약속이 깨지는 경우가 있다. 비슷하지만 전혀 다르다. 전자의 경우는 보통 돈이 매개가 된다. 인간관계든 비즈니스 관계든 돈을 제때에 주지 않고 받지 못한 탓에 관계에 균열이 간다. 그 균열은 신용에 영향을 주기 때문에 치명적이다. 한 번은 넘어간다 쳐도 그 한 번이 더 반복되면 관계는 단절로 치닫는다. 남은 것은 돈 문제가 해결될 때까지의 불편한 관계뿐이다. 지켜야 할 약속을 지키지 않아서 문제가 되는 경우다.

　후자는 관계가 깨져서 약속이 무의미하게 되는 경우다. 연인과 부부, 부모와 자식, 친구와 동료, 선배와 후배, 스승과 제자 등 관계의 종류도 많고 양상도 다양하다. 약속의 내용 또한 관계에 따라 천차만별이다. 지키고 싶은 약속도 관계가 끝나면 지킬 수 없다. 약속은 반드시 지켜야 할 대상을 가지고 있기 때문이다.

'인연을 끊자!' 부모와 자식, 형제 간에도 가끔 나오는 대사다. 혈연이 정말 무섭기는 무서운 모양인지 끊고 싶은 마음이 굴뚝같다가도 관계가 이어진다. 지키지 않아도 될 약속은 지키지 않는 것이 좋은 경우의 예다.

관계가 무너질 때 약속의 허망함을 느낀다. 약속이 깨질 때 관계의 가벼움을 느낀다. 관계를 끊기 전에 약속을 곱씹어보고, 약속을 깨뜨리기 전에 관계의 소중함을 떠올려본다면 속절없이 사이가 멀어지는 사태를 막을 수 있을 것이다. 약속의 부질없음 앞에서 가슴 아파하는 일도 예방할 수 있을 것이다.

남산공원에 가면 자물쇠가 가득 걸려 있다. 자물쇠는 연인들이 영원한 사랑을 약속하며 채운 사랑의 증표요, 약속의 상징이다. 프랑스의 퐁데자르Pont Des Arts나 미국의 브

룩클린 브리지Brooklyn Bridge, 러시아의 루쉬코프 브리지 Luzhkov Bridge 등에도 자물쇠가 채워져 있다. 반지는 언제든 빼버릴 수 있으니 자물쇠로 대신하는 걸까? 누구도 열 수 없는 첨단 자물쇠를 걸어두면 사람 간의 감정도 원래의 것에서 결코 풀리지 않게 되는 걸까?

감옥에서 40년을 복역하고 가석방된 레드는 사회에 적응하지 못하고 두려움 속에서 살아갑니다. 그는 자신보다 먼저 출소한 후 오래 버티지 못하고 스스로 목숨을 끊어 생을 마감한 브룩스의 뒤를 따르는 것 외에 다른 방법이 없다고 느낍니다. 지켜야 할 약속이 하나 있어 레드는 결행을 잠시 늦춥니다.

약속 장소에 도착한 레드는 조심스럽게 돌을 치우고 그 아래에 묻혀 있는 철제 상자를 엽니다. 비닐봉지에 돈 봉투와 편지가 들어 있습니다. 레드는 편지를 읽습니다.

"레드, 이 편지를 읽고 있다면 밖으로 나온 거겠죠. 여기까지 왔다면 아마 좀 더 멀리 올 수도 있을 거예요. 그 마을 이름 기억하죠? 내 프로젝트를 가동하려면 좋은 사람이 필요해요. 당신을 기다리고 있을게요, 체스판도 준비하고. 기억해요, 레드. 희망은 좋은 거예요. 어쩌면 모든 것 중에 가장 좋은 것일지도 몰라요. 좋은 것은 절대 죽지 않죠. 이 편지가 당신을 찾기를, 잘 찾기를 희망합니다. — 당신의 친구, 앤디."

영어 공부 한답시고 외웠다가 쓸데없이 뇌에 담고 있는 여러 영화의 대사들 중 나는 〈쇼생크 탈출The Shawshank Redemption〉의 이 대목을 가장 좋아합니다. 인간은 희망을 품음으로써 스스로를 구원할 수 있는 존재라는 사실을 일깨워주기 때문입니다. 앤디는 끝까지 희망을 잃지 않은 덕분에 자유를 쟁취했습니다. 레드는 친구와의 약속을 지킨 덕분에 감옥 안에서는 위험하기 짝이 없어 보였던 희망의 진정한 의미를 깨닫고 자유인으로 거듭나게 되었습니다.

　가던 길을 멈추고 먼 길을 거슬러 되돌아가는 한이 있더라도 언제든 아무 계산 없이 나의 사람들에게 달려가겠다는 것, 이것이 내가 나 자신과 굳게 맺은 약속입니다. 좋은 관계란 약속을 지키는 것으로만 증명된다고 나는 믿습니다. 사람들과의 약속과 나 자신과의 약속을 소중하게 여기고 지키는 한 나는 사람들과 그리고 나 자신과 좋은 관계로 남을 수 있을 것입니다.

　그대와의 약속도 나는 지켜갈 것입니다. 그것은 내가 그대와 한 약속일 뿐만 아니라 나 자신과 한 약속이기도 하기 때문입니다.

쓸모의 증명

외국에서 오랫동안 유학하고 돌아온 사람이 있었다. 박사 학위까지 받아 왔는데 취업이 되지 않아 괴로워했다. 기업도 대학도 자리가 없다며 거절했다. 그는 자신의 전공 공부가 이렇게 쓸모없을 줄 몰랐다며 점차 자신을 쓸모없는 사람으로 여겼다. 부모의 걱정이 컸다.

20대 중후반 여성인 그는 눈에 띄는 미모는 아니었다. 하지만 총명하고 착해 보였다. 경영학을 공부했고 당연하게도 영어를 원어민 수준으로 구사했다. 할 수 있는 일이 넘쳐 보였다. 동네 작은 영어 학원을 알아보라고 조언했다.

자신감을 회복해나가는 것이 중요했기 때문이다. 아이들의 밝은 에너지를 받으며 가르치다 보면 자신의 쓸모를 찾을 수 있을 터였다.

　누군가 자신을 믿고 존중하며 인정하면 사람은 힘을 내게 마련이다. 문제는 그런 사람들을 만나기 쉽지 않다는 것이다. 나는 TV에 넘치는 오디션 프로그램을 좋아하지 않는다. 전문가들의 판단을 별로 믿지 않기 때문이다. 전문가들이 범할 수 있는 오류의 가능성은 너무도 크다.

　우연히 서태지와 아이들이 지상파에서 처음 노래를 불렀던 오래전 영상을 봤다. 연예계 소식을 전해주는 프로그램이었는데 신인 가수들의 노래를 듣고 여러 전문가들이 노래와 가수의 가능성을 평가하고 조언하는 코너에 그들이 나온 것이다. 어떤 얘기들이 나왔을까? 하나같이 부정적이었다. 작곡가는 랩 스타일의 댄스곡이다 보니 멜로디가 약하다는 평을 했고, 작사가는 새로움이 부족하다고 했으며, 연예 평론가는 동작 속에 노래가 묻혔다고 평가했다. 그 뒤로 서태지와 아이들이 어떻게 되었는지는 굳이 말할 필요가 없다.

한겨울에 날씨가 차가우면 사람들은 외투 깃을 세우고 몸을 움츠리며 걷는다. 시야가 좁아진다. 세상은 차갑다. 그래서 사람들은 자신과 관련된 것 외에는 시선을 잘 주지 않는다. 특히 한 분야에서 나름의 성취를 이룬 사람들은 그렇지 못한 사람들의 입장에서 그들만의 간절함을 잘 이해하지 못한다. 다른 사람들이 가진 빛나는 능력을 짧은 시간 안에 읽어낼 만한 애정과 진지함과 통찰력을 가진 전문가가 과연 얼마나 될까? 초심을 유지하기 어렵다는 말이 괜히 나온 것이 아니다.

말콤 글래드웰은 『아웃라이어Outliers: The Story of Success』에서 비범한 업적을 쌓은 사람들의 성공 요인을 개인의 노력과 개인을 둘러싼 사회적 환경과의 결합에서 찾았다. '1만 시간의 법칙'으로 대변되는 개인의 노력도 중요하지만 타이밍과 기회, 역사적 요인, 문화적 유산 등 그 노력이 빛을

발할 수 있는 사회적 환경이 더욱 중요하다는 것이다.

타고난 천재적 자질에도 불구하고 가난한 집안의 가학적인 양아버지와 무책임한 어머니 사이에서 지독히 불행하게 성장한 크리스 랭건은 성공적인 삶을 살기 위한 자본이나 실용 지능을 갖지 못했다. 반면에 로버트 오펜하이머는 부잣집에서 태어나 최고의 교육을 받고 상류층과 교류하며 성장한 덕분에 성공에 필요한 실용 지능을 개발할 수 있었다. 그리하여 랭건에 비해 상대적으로 부족한 자질에도 불구하고 맨해튼 프로젝트의 총책임자가 될 수 있었다는 것이다. 역시 다이아몬드 수저나 금수저를 물고 태어나는 것이 장땡일까?

'스스로 성공을 만들어낸 사람들'이라는 부제가 붙은 헬렌 S. 정의 『인라이어Inliers』에서는 다른 성공 요인들을 말한다. 예를 들어, 타이거 우즈는 두 살 때부터 골프장에서 연습할 수 있었던 아웃라이어인 데 반해 양용은은 골프 연습장에 취직해 사장의 눈치를 보며 골프를 배운 인라이어라는 것이다. 양용은의 성취가 마음껏 골프에 매진할 수 있는 환경 덕이 아니라 그만의 불굴의 의지, 열정 등과 관련이 있다는 것이다. 앤절라 더크워스의 『그릿GRIT』의 입장과 일맥상통하는 대목이다. 더크워스는 테드TED 강연에서 그릿을 끈기perseverance와 열정passion을 더한 것으로 정의하면서 전자에 좀 더 무게를 둔다. 그릿이란 단어가 '이를 악물다grit your teeth'라는 표현에 사용되는 것을 보면 어떤 자세를 강조하는 것인지 우리는 쉽게 이해할 수 있다.

아웃라이어와 인라이어 둘 다 내 마음에 들지 않는다. 나는 성공이라는 단어를 머릿속에서 지워야 비로소 우리의 쓸모가 보이기 시작한다고 생각한다. '비즈니스'를 입에 달고 다니는 사람들은 돈이 되지 않는 것에는 관심을 두지 않는다. 마찬가지로 돈이 되지 않는 사람에게도 관심을 기울이지 않는다. 대부분의 사람들은 자기 자신을 향해서도 같은 관점을 유지한다. '무엇을 해야 돈을 벌 수 있을까?', '무엇을 해야 성공할 수 있을까?' 이런 생각들을 먼저 끄집어내다 보니 '내가 뭘 좋아하지?', '내가 뭘 잘하지?', '내가 뭘

하면 행복하지?'와 같은 질문을 던지지 못한다. '돈을 한 푼도 못 벌어도 좋다, 빌어먹어도 좋다, 일단 내가 좋아하고 잘할 수 있는 것을 하자'는 생각을 할 때 내가 나에게 해줄 수 있는 최고의 조언들을 할 수 있게 된다는 사실을 사람들이 알았으면 좋겠다.

우리는 너무 자주 우리 스스로를 나와 전혀 상관없는 존재처럼 애정 없이 대한다. 우리가 우리 자신을 진짜 사랑한다면 우리 스스로에게 해주고 싶은 말이 떠오를 것이다. 행복한 나의 삶을 위한 나의 쓸모를 발견할 수 있을 것이다.

나는 나를 아낀다. 그래서 시간을 최대한 유익하게 사용하기 위해 분투한다. 내가 고민에 빠져 있을 때마다 나에게 해줄 수 있는 최고의 조언을 해준다. 그랬더니 어느 때부턴가 큰 고민은 작아지고 다시 용기가 생겼다. 어떤 문제든 다 해결될 것이라는 믿음이 생겼고 다 해결할 수 있다는 자신감이 생겼다.

조직은 조직의 쓸모에 사람을 맞춘다. 쓸모가 없어졌다

고 평가받은 사람은 때가 되면 버려진다. 잔인하지만 세상의 작동 방식이 그러하다. 자신의 쓸모를 조직에만 맞추다 보면 조직을 떠났을 때 자신의 쓸모를 알기 어렵다. 다시 여러 조직을 찾아다니며 그 조직의 쓸모에 자기가 맞음을 증명하기 위해 노력해야 한다.

아무데서도 쓸모 있다고 인정해주지 않는다면 쓸모없는 사람이 되는 것일까? 평소에 자신의 쓸모를 발견해두는 것이 중요한 이유다. 쓸모를 발견하는 방법은 크게 어렵지 않다. 나의 잠재력이 무엇인지, 어느 분야에서 잘 드러날 것인지 지속적으로 연구하면 보이기 시작한다. 나의 잠재력을 파악하고 신뢰하게 되면 두려움은 사라진다. 남은 것은 잠재력이 활짝 꽃필 수 있도록 끈기 있게 노력하는 일뿐이다. 사람들이 성공이라는 단어를 뇌에서 끄집어 내버리고 그 자리에 잠재력을 대신 넣었으면 좋겠다. 그러면 끈기가 저절로 발휘될 것이라고 나는 확신한다.

역사적으로 많은 천재가 생전에 빛을 발하지 못했습니다. 천재들 개개인에게는 불행한 일이지만 동시대가 품기에 너무도 탁월했던 그들의 재능에 대한 대중의 몰이해를 나는 이해합니다. 잠재력을 꽃피운다는 것과 피운 꽃을 세상에서 인정받는다는 것은 전혀 다른 일임이 분명합니다. 시대를 앞서간다는 것은 슬픈 일입니다.

이 시대에 쓸모 있는 천재성은 과거와는 많이 다른 듯합니다. 돈 천재성과 얼굴 천재성을 사람들은 가장 높이 인정하는 것 같습니다. 돈과 외모가 천재적 재능으로 인정되는 시대, 나는 분명 시대를 잘못 만난 것이 확실합니다. 그러거나 말거나 나는 확실하게 발굴한 나만의 잠재력을 더

욱 개발하고 활짝 꽃 피우기 위해 나만의 보폭으로 걸어가고 있습니다. 그대의 잠재력을 나는 압니다. 불처럼 활활 일어날 그 잠재력의 꽃 앞에서 나는 자신만의 쓸모를 세상에 멋지게 증명한 그대의 끈기를 축하하는 힘찬 박수를 보낼 것입니다.

행운의 방식

언제부턴가 매주 5000원어치의 로또를 산다. 좋아하는 형과 아우와 함께 산다. 누구든 당첨되면 3분의 1씩 나누기로 했다. 당첨되었을 때 그 약속이 지켜지지 않을 일은 없다. 하루아침에 태도를 바꿀 사람들은 따로 있는 법이다.

어느 날 꿈에 숫자 여섯 개가 나타났다. 꿈속에서도 졸렸던지라 다시 잠을 청하는데 뭔가 번쩍 하는 느낌이 들었다. 그래서 억지로 몸을 일으켜 스마트폰에 숫자를 메모했다. 새벽 4시 5분이었다. 신기하게도 메모하는 와중에 숫자에 대한 기억이 흐려졌다. 네 개의 숫자는 기억나는데 나

머지 두 개는 가물거렸다. 네 개는 이미 맞은 것과 다름없다고 생각했다. 첫 번째 이유는 자주 가는 커뮤니티에 누군가 올렸던 예전의 글 때문이었다. 그는 꿈에 로또 번호가 나왔는데 두 개 밖에 기억이 안 난다고 했다. 두 숫자라도 공유하라고 댓글들이 달리자 그가 숫자를 알려주며 틀려도 원망은 하지 말아달라고 댓글을 올렸다. 결과가 어땠을까? 놀랍게도 그가 꿈에서 보았다는 숫자 두 개가 그 주의 로또 번호 중에 포함되어 있었다. 두 번째 이유는 내가 숫자 꿈을 꾸었을 때의 로또 회차가 777이었기 때문이었다.

카지노 게임에서 777은 잭팟을 의미한다. 어차피 네 개는 된 거나 진배없으니 두 숫자를 잘 조합하여 월요일에 농협 본점 앞에서 만나자고 우리 셋은 신이 나서 떠들었다. 결과가 어떠했을까? 네 개의 숫자 중 하나도 맞지 않은 완벽한 '꽝'이었다.

그날 이후에도 꿈에 본 그 숫자들을 반영해 로또를 산다. 당첨되면 좋고 안 되면 매주 기부에 참여하는 셈이라고 생각한다. 복권의 의의 그대로다. 사지 않으면 당첨될 확률은 없다. 셋이 함께 참여해 일주일에 한 번씩 설레는 마음으로 당첨을 기대하게 되니 나쁠 것이 없다.

가만 보면 행운을 건지는 방법이 로또에 다 들어 있다. 행운을 만날 수 있는 행동을 하는 것이다. 유일한 방법이다. 좋은 짝을 만나 결혼하고 싶으면 계속 누군가를 만나야 한다. 짝이 될 가능성을 가진 사람들이 많이 모인 동호회 활동이라도 해야 한다. 키가 매우 작았던 예전의 노총각 상사는 스킨스쿠버 동호회에서 반려자를 만났다. 누군가를 자주 만날 수 있어야 짧은 시간 동안에는 겉으로 호소하기 힘든 자기만의 내적 매력을 누군가가 들여다보게 할 기회를 갖게 된다.

누군가는 행운이 있는 곳으로 다가가고 누군가는 불운이 있는 곳으로 걸어간다. 사람들을 지켜보면 알 수 있다. 사람들이 시간을 보내며 하는 일, 하는 말, 보이는 행동 모두가 조금씩 그들을 행운이 있는 곳과 불운이 있는 곳으로 밀고 있었다.

그나마 다행이었던 것은 대부분의 사람들은 양쪽을 오가다 결국 중앙에서 멀지 않은 곳에 머무른다는 사실이었다. 큰 행운도 없지만 그렇다고 심각한 불운도 만나지 않는 것이다. 순탄한 내리막도 조만간 만날 오르막을 예비하는 것이니 평지를 걷는 것만큼 좋은 것이 없는 것과 같다. 가장 조심할 때가 행운을 만날 때인 이유는 더 이상 행운 쪽으로 다가설 길이 없기 때문이다.

행운을 만날 때 가장 필요한 일은 재빨리 행운의 일부를 다른 사람들에게 나누어줌으로써 다시 행운을 향해 나아갈 여지를 만드는 것이다. 내가 선후배와 함께 로또를 사는 방식이 바로 그와 같은 것이라고 나는 생각한다.

어느 날 스타벅스에 갔더니 옆 테이블 사람들이 마시던 음료에 네잎 클로버가 띄워져 있었습니다. 저게 뭔가 하고 있는데 가만 보니 다른 사람들도 같은 것을 마시고 있더군요. 나중에 알게 되었습니다. 원예학을 전공한 한 농부가 5년간의 연구 끝에 네잎 클로버 대량 생산에 성공했고 매일 2만장의 네잎 클로버를 스타벅스에 공급하게 되었다는 것이었습니다.

네잎 클로버가 '행운'을 상징한다는 사실은 유치원생들도 알고 있겠지요. 전쟁터에서 나폴레옹이 세잎 클로버 사이에서 우연히 네잎 클로버를 발견하고 머리를 숙이는 순간 총알이 빗나간 데서 유래했다고 합니다. 다른 유래도 있습니다. 기독교의 성자인 성 패트릭이 아일랜드에서 선교 활동을 할 때 국왕과 귀족들 앞에서 클로버의 세 잎을 가지고 삼위일체를 비유하여 설교했다고 합니다. 그래서 세잎 클로버는 아일랜드의 국화가 되었는데 세 잎은 각각 국민성과 용기와 기지를 상징한다고 합니다. 네잎 클로버는 십자가를 나타낸다 하여 행운의 상징이 되었다고 하는군요. 다른 사람들은 시도할 엄두도 내지 못할 발상을 하고 끈기 있는 노력으로 성과를 낸 농부 홍인헌 씨는 앞으로 다양한 식음료 프랜차이즈 등으로 공급처를 확대할 계획이라고 합니다. 행운의 상징으로 자기만의 행운을 만들어 사람들에게 행운을 나눠주는, 그야말로 '행운의 사나이'네요.

나의 명함 지갑에는 두꺼운 비닐로 코팅된 네잎 클로버가 들어 있습니다. 클로버 다섯 개가 둥글게 꽃무늬를 그리고 있지요. 후배가 준 선물입니다. 나의 돈 지갑에는 오래전부터 2달러짜리 지폐가 들어 있습니다. 행운을 불러들이는 나만의 생활 개운법입니다.

긍정적인 생각을 하면 좋은 일이, 부정적인 생각을 하면 좋지 않은 일이 일어날 확률이 높아집니다. 좋은 일과 나쁜 일도 자기를 환영해주는 곳으로 향하기 때문입니다. 행운과 불운도 마찬가지일 것입니다. 음료를 마시며 네잎 클로버를 바라보는 사람들의 숫자가 늘어날수록 우연과 행운의 신 포튜나는 더 바빠지겠네요. 그동안 일은 별로 안하고 많이 놀았으니 좀 바빠져도 큰 불만은 없을 듯합니다. 포튜나의 행운을 만난 사람들이 그때 가장 필요한 일이 무엇인지 꼭 기억하기를 바랍니다. 나에게도 행운이 찾아오면 그대에게 꼭 나누어주도록 하겠습니다. 스타벅스로 차 한잔 마시러 가야겠습니다.

신발과 마음

서울로 유학을 떠나러 대전역에서 기차를 타야 했다. 가난한 고향이 싫어 고향과 영영 이별하는 마음으로 집을 나서는데 어머니가 대전역까지 같이 가겠다고 했다. 몇 번을 사양하다 어쩔 수 없이 함께 버스를 타고 대전역으로 갔다. 버스에서 나는 아무 말도 하지 않았다. 당시의 나는 온통 불만투성이의 반항아였다.

대전역 앞 버스 정류장에서 내린 후 어머니는 나를 구두 가게로 끌고 들어갔다. 싸구려 구두들이 사방에 그득한 정사각형 구조의 구두 가게에서 싫은 티를 팍팍 내며 이것저

것 신어보다가 가급적 싼 것으로 골라 마음에 든다 하고 신었다. 서울에서 새로운 삶을 멋지게 시작하라는 어머니의 마음을 모르지는 않았다. 하지만 감사하다는 인사도 대충 끝내고 서둘러 역 쪽을 향해 걸었다. 대전은 내게 슬픈 땅이었다.

그 구두는 몇 번 신자마자 곧 밑창이 떨어져 너덜너덜해졌다. 가난한 사람들이 신는 신발을 더 튼튼하게 만들어야겠다는 생각을 구두 제조업자들은 하지 못했다. 싸구려 재료로 대충 만들어 값싸게 파는 그 과정 안에 사람에 대한 마음은 찾아볼 수 없었다.

도스토예프스키의 처녀작 『가난한 사람들Poor Folks』에서 마까르의 신발은 너덜너덜하게 다 해지고 밑창은 덕지덕지 덧대어져 있다. 지금이야 신으면 날아갈 것 같은 브랜드 신발들이 넘치지만 가난했던 시절 사람들에게 해진 신발은 슬픔의 대상이었다. 옷이야 깨끗하게 빨아 입고 잘 덧대어 입으면 큰 티가 나지 않았지만 헌 신발은 어떻게든 비루한 현실을 드러내고 말았다. 20대 도스토예프스키의 신발이 어떠했을지 미루어 짐작할 수 있었으므로 나는 그에게서 괜한 동질감을 느끼기도 했다.

　나는 구두를 잘 신지 않는다. 신을 때마다 불편하다. 결혼식이나 장례식 등 예의를 갖추어야 하는 때 아니면 늘 운동화를 신는다. 운동화에 적응된 발은 구두를 더욱 멀리한다. 슈트에 운동화가 흉이 아니라 패션인 시대라는 점이 좋다. 운동화는 걷기를 부담스럽지 않게 할 뿐더러 발과 하체의 건강에도 도움이 된다. 할인 매장에 가면 정가에서 한참 내려온 브랜드 운동화가 넘친다. 이것저것 맘껏 신어보고 착용감과 디자인, 칼라를 따져 마음에 드는 것을 고른다. 실패할 확률이 거의 없다. 적당한 신발 한 켤레 정도는 어느 때든 있기 마련이다.

　우리 주변의 세상은 과거보다 많이 밝아졌다. 사람들은 좋은 옷을 입고 편한 신발을 신는다. 궁핍했던 시절의 기억은 사람들의 머릿속에서 점점 흐려진다. 그런데 여전히 브랜드가 없는 값싼 신발이 그 시절 대전역 구두 가게와 닮은 전통시장의 신발 가게에서 팔린다. 누군가는 그 신발들을 신고 있다는 얘기다. 누군가는 신어야 하는 그 신발들을 대부분의 사람들은 신지 않고 있다는 사실이 그 누군가를 더 슬프게 할지 모른다. 그러고 보면 누구나 내가 신었던 신발과 비슷한 신발을 신었던 그 시절의 신발이 사람들의 마음을 좀 덜 슬프게 했을 거라는 데 생각이 미친다.

신발에는 발이 아니라 마음이 담긴다. 발은 정직하여 신발 안에서 자신만의 촉감으로 세상을 이해한다. 걸을 때마다 몸보다 먼저 앞으로 나아가는 신발을 보다가 문득 이런 생각이 들었다.

깨끗하고 편한 신발이 나를 싣고 걷고 있었다. 지난 세월 동안 신고 버렸던 무수한 신발이 오늘의 나를 이곳에서 다시 걷게 하고 있었다. 신발에 담았던 마음들이 새록새록 떠올랐다. 세상을 이해하지 못했던 미련한 마음들이었다. 떠나보냈던 무수한 신발들이 한꺼번에 되살아나 내 뒤로 늘

어서기 시작했다. 어머니가 대전역 앞에서 사줬던 그 싸구
려 구두도 줄 안에 있었다. 가지 말아야 할 곳을 넘고 갔어
야 할 곳 앞에서 머뭇거렸던 낡은 신발들이 내가 세상을 이
해했던 폭의 좁음을 드러내주었다. 앞으로 신을 신발에 어
떤 마음을 담아야 할지 알 수 있었다.

누구든 이력서履歷書를 작성한 경험이 있기 마련입니다. '지금까지 거쳐온 학업, 직업, 경험 등의 내력'이라는 사전적 의미를 갖고 있는 이력을 우리는 흔히 커리어라고 부르기도 합니다. 이력 관리, 경력 관리를 전문적으로 조언하는 커리어 코치라는 직업도 있으니 현대인들에게 커리어는 성공에 매우 중요한 요인을 담당하고 있는 모양입니다.

이력서의 이履는 '밟다, 신다, 겪다, 신발' 등의 뜻을 가지고 있습니다. 이력의 의미는 곧 한 사람이 신발을 신고 지금까지 걸어온 길의 역사가 됩니다. 신데렐라의 유리구두나 콩쥐의 꽃신이 상징하는 바는 그래서 의미심장합니다. 자격을 갖춘 사람만이 신을 수 있는 신발인 것입니다. 이력은 발에 정직하게 새겨지는 법이어서 이전의 신발로 어떤 길을 걸어왔느냐가 새로운 신발을 신을 수 있는 자격을 결정한다는 뜻을 동화는 내포하고 있습니다.

우리에게는 이력서상의 이력이 아니라 우리의 신발이 지나온 길이 중요합니다. 이력서는 이력을 제대로 기록할 수 없습니다. 우리 삶의 결정적 장면들도 사회적인 잣대로 별 의미가 없을 때는 이력서에 실리지 않습니다. 그런 이력을 열심히 관리하는 것이 충만한 삶을 사는 것과 얼마나 연관이 있는 것인지 나는 잘 모르겠습니다.

그대가 걸어온 길을 나는 잘 기억하고 있습니다. 앞으로 그대의 신발이 나아갈 길도 알고 있습니다. 그래서 나는 그대의 두 발을 늘 어루만져주고 싶습니다.

자유의 낭비

많은 독자가 최고의 소설로 꼽고 많은 지성이 위대한 문학이라고 칭송하던 『그리스인 조르바 Zorba The Greek』를 처음 만났을 때 나는 그저 당혹스러웠다.

단체 생활을 태생적으로 거부하고 조직에 얽매이는 것을 싫어하는 성격과 남이 뭐라고 하든 말든 일단 필이 꽂히는 분야가 생기면 끝장을 보고야 마는 성미 때문에 나 스스로를 오랫동안 자유인이라고 여겨왔는데 그 생각에 균열이 생겼다. 조르바에게서 어린 시절 동네에 가득했던 육체 노동자들의 거친 피부와 험상궂은 얼굴, 그리고 상스러운 언사가 고스란히 느껴졌다. 머리에 책깨나 들어가서 유식한 체 헛소리를 입에 달고 살던 젊은 시절에도 그런 삶으로부터 될 수 있는 한 가장 멀어지는 것이 성공에 가까워지는 길이라고 믿었기에 조르바의 삶에서 자유의 향기를 맡는 사람들의 태도가 가식적으로 느껴졌다.

자유에는 피의 냄새가 섞여 있다고 시인 김수영은 말했다. 시인이 얘기한 자유와는 개념이 다르지만 인생에서의 자유에 대한 추구가 경제적 실패 앞에서는 얼마나 추레한 모습으로 변질되는지를, 실상 자유로운 영혼이란 피의 냄새를 맡아보지 못한 애송이의 헛소리에 지나지 않는다는 것을 젊은 시절 사업 실패를 통해 깨달은 바 있다. 내가 추구하던 자유가 결국 경제적 자유에 지나지 않는다는 사실을 선명하게 직시한 순간이기도 했다. 그럼에도 조르바를 마음 안에 받아들이기까지는 꽤 오랜 시간이 지나서였다.

경제적 자유는 소비의 자유와 직결된다. 경제적 부자유가 소비의 자유를 억압할 때 사랑이 변질되고 가정이 흔들리는 순간이 찾아온다는 것을 경험해본 사람들은 잘 알 것이다. 경제적 능력이 한 사람 능력의 전체를 결정하는 사회에서 경제적 자유는커녕 경제적 여유를 획득하지 못한 사람이 감수해야 할 불편함은 매우 크다. 어떻게든 일자리를 구해야 하고, 원치 않는 일이라도 묵묵히 하며 돈을 만들어야 한다. 돈은 쉽게 모이지 않고 손가락 사이의 바람처럼 줄줄 새나간다. 세상 모든 것에 가격이 매겨져 있기 때문이다. 삶은 늘 불편하고 소비의 자유를 선사할 경제적 자유의 순간은 영원히 도래하지 않을 것처럼 날마다 멀어진다.

조르바의 삶이 아름다운 이유는 소비의 자유를 전제하지 않기 때문일 것이다. 소비의 자유를 망각하면 경제적 자유를 추구할 이유가 사라지는 까닭이다. 자연과 가장 가까운 삶이란 먹고 마시고 즐기기 위해 일하고, 일해서 먹고 마시고 즐기는 삶이 아닐까? 그렇게 살면 먹고 마시고 즐기는 것 외에 삶을 채우고 싶은 소중한 가치들을 위해 쓸 시간을 갖지 못하는데 그런 동물적인 삶에 어떻게 만족하라는 거냐고 따질 수도 있을 것이다.

먹고 마시고 즐긴 다음에 하자고 제안하고 싶다. 내가 해보니 그다음에 해도 충분한 시간이 남아 있었다. 앞으로 일주일 동안, 한 시간 단위로 무엇을 하며 살고 있는지 메모해보자. 적어도 먹고 마시고 즐기는 것 때문에 우리가 무엇인가를 하지 못하는 것은 아님을 알게 될 것이다. 우리는 너무 덜 먹고 덜 마시고 덜 즐기고 있다. 무엇을 위해 우리는 자유를 낭비하고 있는 것일까?

종로 익선동에 가끔 나갑니다. 나갈 때마다 새롭게 리모델링된 예쁜 카페와 음식점, 술집들이 눈에 들어옵니다. 끼니를 때워야 하는 점심, 저녁시간에는 청춘 남녀가 차례를 기다리며 길게 줄을 만드는 풍경이 흔해졌습니다. 나는 날로 세련되어지는 그 골목들보다 옛날 그대로의 모습을 간직한 그 옆의 고기 골목을 더 좋아합니다.

종로3가 역 6번 출구에서 나와 골목으로 접어들면 고기 굽는 냄새가 제일 먼저 맞아줍니다. 가게 밖까지 점령한 테이블마다 삼겹살이며 갈매기살, 곱창 굽는 연기가 자욱합니다. 연기는 사람들의 웃음소리를 싣고 골목 곳곳을 누비고 다닙니다. 얼큰히 취한 사람들이 연기를 따라 사

라지고 나면 빈자리는 테이블이 말끔히 닦이기
도 전에 새로운 사람들에 의해 삽시간에 점령되
고 맙니다. 뚱뚱한 쌈을 입안 가득히 밀어 넣으
면서 웃고 떠드는 사람들, 가게 주인들은 어찌나
귀가 밝은지 그 소음 속에서도 여기저기서 시키
는 술과 안주를 빼먹지 않고 부지런히 나릅니다.
겨울이 물러가면 다시 새로운 겨울이 몰려올 때
까지 고기 골목은 저녁때마다 사람들의 박장대
소와 흥겨움으로 가득합니다. 그곳에서는 나도
모르게 취흥에 겨워집니다.

열심히 일한 하루의 일과 뒤에 고기 골목에서
사람들과 함께 어울려 웃고 마시다 보면 알게 됩
니다. 그게 자유라는 사실을 말입니다. 자유란
얼마나 소박한 것인지, 그 소박한 자유를 일상에
서 맘껏 누리고 사는 삶이야말로 진정한 자유인
의 것임을 깨닫게 됩니다. 고기 골목에서 사람들

과 섞여 웃고 떠들면서 나는 비로소 조르바를 이
해할 수 있었습니다. 내 어린 시절의 조르바들과
도 악수할 수 있었습니다. 그대도 그곳에 오면
고기 굽는 냄새에 섞여 있는 자유인의 냄새를 맡
을 수 있을 것입니다. 큼지막한 쌈을 맛나게 싸
서 그대의 입에 넣어주고 싶습니다.

두 개의 문

시한부 판정을 받은 두 남자 마틴과 루디. 세상과 작별할 시간이 다가오는 천국의 문 앞에서 마틴은 바다를 떠올린다. 하지만 한 번도 바다를 본 적 없는 루디. 두 남자는 바다를 향해 생애 마지막 여행을 떠난다. 영화 〈노킹 온 헤븐스 도어Knockin' On Heaven's Door〉는 예정된 죽음의 문턱에 선 두 남자가 그동안 미루어두었던 일들을 거침없이 이루는 여정과 그에 얽히는 사건을 이야기한다.

마틴과 루디처럼 어느 날 우리에게 살날이 얼마 남지 않았다는 통보가 떨어진다면 우리는 어떤 기분일까? 무엇을 하며 남은 날을 채우고 싶어 하게 될까? 삶이 계속되고 있는데 죽음을 상상하는 것은 어리석은 일일지 모른다. 하지만 가끔 죽음을 생각하는 것은 삶에 도움이 된다. 삶 안에서 만나는 문들 앞에서 주저할 필요가 없다는 사실을 깨우치게 되기 때문이다.

매일 아침마다 나는 창문을 활짝 연다. 눈앞의 숲에서 싱그러운 공기가 달려온다. 창문을 열며 사람과 세상 모든 것에 마음을 활짝 열겠다고 다짐한다. 그동안 제대로 열지 못했던 마음의 문이 녹슬어 삐걱거리기 일쑤지만 그래도 다음 날 아침 다시 창문을 열면서 마음의 문에도 기름칠을 한다.

현관문을 열고 세상으로 나아간다. 세상에는 수많은 문이 있다. 그 문은 일과 만남, 이야기 등으로 이어지는 통로다. 간절히 들어가고 싶은 문도 있고 들어가서는 안 되는 문도 있다. 우리는 들어가고 싶은 문 밖에서 서성이다가 돌아서기도 하고, 들어가지 말아야 할 문을 열고 들어가기도 한다. 세상의 많은 문이 길 위에 있다. 어떤 문은 다시 새로운 길로 이어진다. 어떤 문은 길을 막고 서서 진입을 허락하지 않는다. 때로는 동시에 여러 개의 문이 나타나 마음을 산란하게 하기도 한다. 잘못 들어가면 불 꺼진 미로 같은 방에서 오랫동안 헤맬지도 모르기에 섣불리 문을 결정하지 못하고 주저하기도 한다.

삶에서 마주하는 이 많은 문을 모두 열며 살아갈 수는 없다. 그러다가는 문을 여는 행위로만 인생이 채워질지도 모른다. 우리가 살아 있는 동안 마주치는 세상의 문은 결국 둘 중 하나다. 열리기 위해 닫혀 있는 문이거나 닫히기 위해 열려 있는 문이거나. 어느 날 갑자기 천국의 문이 우리 앞에 모습을 드러내기 전까지 우리는 마음을 설레게 하는 문들을 골라 주저 없이 다가가야 한다. 가끔 천국의 문을 떠올린다면 문 앞에서 쓸데없는 생각으로 시간을 보내는 일은 줄어들 것이다.

닫힌 문이든 열린 문이든 마치 우리가 오기를 기다렸다는 듯이 환영해줄 문은 없을 것이다. 마치 어떻게 해서든

우리를 쫓아내기 위해 그곳에 존재하고 있는 것처럼 문은

우리를 박대할 가능성이 높다. 하지만 남은 날이 몇 달뿐이

라면 문 앞에서 우리가 머뭇거리는 일은 결코 일어나지 않

을 것이다.

나는
그대 곁으로
가고 싶다

우리가 사는 세계의 실체는 과연 무엇인가? 많은 책과 영화는 이 주제를 다루었습니다. 그중 가장 유명한 영화는 아마 〈매트릭스Matrix〉일 것입니다. 1999년 5월에 개봉한 이 영화는 세기말의 분위기를 등에 업고 큰 흥행을 거두었습니다. 놀라운 촬영 기법으로 영화사에 한 획을 그었다고도 하지요. 이 영화의 화려함에 가려진 불운의 영화 한 편이 있습니다. 같은 해 11월에 개봉한 〈13층The 13th Floor〉이 그것입니다.

〈매트릭스〉는 기계가 만든 매트릭스라는 가상 세계를 현실이라고 착각하고 사는 미래 인류를 보여줌으로써 '우리는 과연 우리가 살고 있는 세계를 현실이라고 부를 수 있는가?'라는 철학적인 질문을 던졌지요. 〈13층〉에서 개발자들은 현실처럼 생생한 가상세계를 창조합니다. 그 세계 안의 사람들은 매트릭스 안의 사람들처럼 자신들이 프로그램이라는 생각을 하지 못한 채 살아갑니다. 프로그램과 현실, 전혀 다른 별개의 두 세계지만 개발자들이 가상세계를 넘나드는 과정에서 살인사건이 발생하고 결국 개발자들은 현실 세계 역시 수많은 가상세계들 중 하나에 불과하다는 충격적인 사실을 알게 됩니다. 마지막에 주인공은 현실에서 깨어나게 되지요. 하지만 그곳이 과연 현실일 것인가라는 의문은 여전히 남게 됩니다.

우주는 지금 이 순간에도 여전히 팽창 중입니다. 우리가 그 실체를 아는 우주는 전체 우주의 겨우 4퍼센트에 지나지 않습니다. 암흑 에너지와 암흑 물질로 구성된 대부분의 우주의 비밀을 우리는 알지 못합니다. 우리가 아는 것조차 제대로 아는 게 맞는지 확신하기 어렵습니다. 우리 중 대부분은 지구 밖을 나가본 적조차 없지요. 우리가 그러려니 믿고 있는 것은 모두 영상을 통해 전달 받은 정보에 기반을 두고 있을 뿐입니다. 실상 우리는 우리가 살고 있는 세계에 대해 모르는 것이 너무도 많습니다. 우리가 장기판의 졸卒이 아니라고 말할 수 있는 근거는 어디에도 없습니다.

그러나 세계의 실체가 무엇이냐에 상관없이 우리는 최선을 다해 우리의 인생을 살아야 합니다. 어차피 정해져 있는 운명이라며 수동적이고 비관적인 태도로 일관한다면 인생이 바뀔 가능성은 거의 없을 것입니다. 어쩌면 정해진 운명 때문이 아니라 운명을 받아들이는 태도 때문에 운명이 결정지어지는 것인지도 모르겠습니다.

문 뒤에 무엇이 있는지와 상관없이 열고 싶은 닫힌 문을 두드리고, 들어가고 싶은 열린 문 안으로 뛰어드는 것이야말로 우리가 문 앞에서 취해야 할 행동의 전부일 것입니다. 사람의 마음도 하나의 문입니다. 굳게 닫혀 있는 그대의 문밖에서 내가 해야 할 일도 딱 하나일 것입니다.

공간과 시간

칼 세이건의 『코스모스Cosmos』는 인문학의 보고다. 그저 우주를 다룬 딱딱한 과학 책이 아닐까 하는 선입견은 책을 읽다 보면 곧 사라진다. 이 책은 이렇게 시작한다. "코스모스는 과거에도 있었고 현재에도 있으며 미래에도 있을 그 모든 것이다." 우주에 대해 이보다 더 좋은 정의는 없을 것이라고 나는 생각한다.

내가 매우 좋아하는 대목이 있다. "과학은 자유로운 탐구 정신에서 자생적으로 성장했다. 자유로운 탐구가 곧 과학의 목적이다. 어떤 가설이든 그것이 아무리 이상하더라도 그 가설이 지니는 장점을 잘 따져봐야 한다. 마음에 들지 않는 생각을 억압하는 일은 종교나 정치에서는 흔히 있을지 모르겠지만, 진리를 추구하는 이들이 취할 태도는 결코 아니다. 우리는 어느 누가 근본적이고 혁신적인 사고를 할지 미리 알지 못하기 때문에 누구나 열린 마음으로 자기 검증을 철저히 해야 한다.”

'과학' 대신 다른 학문 명을 넣어도 전혀 어색함이 없다. 칼 세이건의 이 말은 학문의 영역뿐만 아니라 삶에서 우리가 가져야 할 태도에 대해 생각하게 만든다. 아무래도 전문적인 내용을 많이 담은 두꺼운 책으로는 평범한 우리에게 우주에서 깨달은 자신만의 지혜를 들려주기 어렵다고 생각했던 것인지, 칼 세이건은 소설 한 권을 썼다. 그리고 그 소설은 영화로도 만들어진다.

아빠와 단둘이 사는 앨리는 천체 망원경으로 밤하늘 관찰하기와 단파 방송하기를 좋아한다. 아홉 살에 아빠를 잃고 고아가 된 앨리는 외로움을 견디면서 수학과 과학 분야의 천재적인 재능을 살려 천문학자가 된다. 아빠의 영향을 받아 외계 어딘가에 지적 생명체가 있을 것임을 확신하며 성장한 앨리는 그들 존재의 흔적을 찾는 일에 종사한다. 외계에서 오는 신호를 포착하는 전파탐지 연구소에서 오랫동안 일하지만 앨리는 성과를 거두지 못한다. 과학재단이 연구 지원금을 끊어버리자 좌절하지만 신념을 포기할 수 없었던 앨리는 한 글로벌 기업을 찾아가 집요한 설득 끝에 경제적 지원을 받고 이로써 연구를 지속할 수 있게 된다.

그러던 어느 날 드디어 외계로부터 전파가 수신된다. 베가성으로부터 날아온 그 전파에 담긴 기하학적 신호는 일종의 기계장치 설계도로 밝혀진다. 우여곡절 끝에 외계인이 보낸 설계도에 따라 만들어진 캡슐에 탑승하게 된 앨리, 앨리는 지구 시간으로 18시간의 우주여행을 하고 돌아온다. 하지만 지구인의 눈에 앨리가 탄 캡슐은 출발과 동시에 물에 빠져버렸기에 아무도 앨리의 말을 믿지 않는다. 앨리의 외계 여행은 그저 그녀의 환상에 불과하다는 평가를 받게 된다. 정보기관만이 앨리가 착용하고 있던 비디오 카메

라로 녹화된 영상의 비밀을 알고 있을 뿐이다.

　광활한 황무지에 흰색의 거대한 레이더들이 줄지어 늘어서 있다. 견학 온 어린 학생들 중 한 명이 앨리에게 묻는다. "저기 밖 우주에 다른 사람들이 있나요?" 앨리가 대답한다. "큰 질문big question이네요. 어떻게 생각해요?" 아이가 두 어깨를 한 번 으쓱하며 겸연쩍게 대답한다. "잘 모르겠어요." 앨리가 흐뭇한 표정으로 "좋은 답변이었어요"라고 말하며 웃는다. 그리고 말을 이어간다. "궁금하죠? 중요한 건 여러분이 여러분만의 대답을 계속 찾는 거예요. 그래도 우주에 대한 분명한 한 가지는, 우주는 꽤 큰 곳이라는 점이에요. 우주는 이전에 그 누가 꿈꾸었던 그 어떤 것보다 더 커요. 그러니 만일 우리뿐이라면 엄청난 공간의 낭비 같아 보이는데요. 그렇죠?"

　영화 〈콘택트Contact〉는 '공간의 낭비'라는 칼 세이건의 유명한 화두를 세상에 던졌다. 나는 이 표현을 통해 한 평생 우주를 관찰한 한 천문학자가 우주 앞에서 가질 수밖에 없었던 겸손함의 진수를 느낀다. 앨리가 체험한 18시간의 우주여행과 사람들이 지켜본 단 몇 초, 그 간극은 사람들 사이에 존재하는 사유의 차이가 아니라 태도의 차이를 드러낸다. 지구 안에 갇힌 우리가 우주를 관장하는 시간의 실체를 어찌 짐작이라도 할 수 있겠는가? 과거에도 있었고 현재에도 있으며 미래에도 있을 모든 것인 코스모스를 만든 것은 다름 아닌 시간이다. 시간은 유일한 영원한 것이다.

시간은 인간의 사유 너머에 존재하고 있다. 우리는 그저 우연히 지구에 닿아 순환하는 시간을 우리의 삶에 맞게 체계화하여 사용하고 있을 뿐이다. 18시간의 가능성을 인정하는 것이 우리가 가져야 할 태도라고, '공간의 낭비'라는 화두를 놓치지 않는 한 그 태도를 잃는 일은 없을 거라고 칼 세이건은 우리에게 말한다.

칼 세이건의 서류 가방은 그가 마지막으로 병원에 들고 갔던 날 이후 10년간 자물쇠가 채워진 채 보관되어 있었습니다. 어느 날 앤 드루얀은 이 가방을 열어보기로 합니다. 그럴듯한 숫자 조합들을 시도했지만 가방은 열리지 않았습니다. 앤이 자신의 생일을 입력하자 마침내 가방의 빗장은 찰칵 소리를 내며 경쾌하게 열렸습니다.

앤 드루얀의 「칼 세이건의 빈 의자」라는 글에 들어 있는 일화입니다. 이 글은 내가 읽은 『코스모스』 2006년 한국어판의 서문으로 실려 있습니다. 앤 드루얀은 칼 세이건의 세 번째 부인입니다. 가방의 자물쇠가 열렸을 때 그의 마음이 얼마나 행복했을까, 얼마나 뭉클했을까 상상이 됩니다. 마이클 셔머의 『과학의 변경지대The Borderlands of Science: Where Sense Meets Nonsense』라는 책에 이런 대목이 있습니다. "그의 첫 번째 부인과 두 번째 부인에 따르면, 세이건은 집에서는 진보적이지도 않았고 페미니스트도 아니었다." "말로만 원칙을 내세우지 말고 원칙대로 살아야 하며, 집에서도 마찬가지라고 확실하게 세이건을 가르친 사람은 앤 드루얀이었다." 칼 세이건의 태도는 원래 그러했던 것이 아니었던 모양입니다. 사람을 변화시키는 것은 우주도 시간도 아닌, 다만 '나의 사람'인가 봅니다.

"공간의 광막함과 시간의 영겁에서 행성 하나와 찰나의 순간을 앤과 공유할 수 있었음은 나에게는 하나의 기쁨이었다." 칼 세이건은 『코스모스』의 첫머리에 있는 이 헌사를 앤 드루얀에게 바칩니다. 이 하나의 문장에서 나는, 칼 세이건의 삶이 하나의 사랑 속으로 빨려 들어가 점점 작아지면서 마침내 작은 별이 되어 반짝이는 듯한 느낌을 받았습니다. 우주로 떠난 그의 마지막 여행처럼 '창백한 푸른 점'과 작별하는 순간, 나의 삶이 그대와 함께했던 날들의 기쁨으로 따뜻하게 빛났으면 좋겠습니다. 내가 남겨놓은 가방 안에서 어느 날 그대도 잠시나마 좀 더 행복했으면 좋겠습니다.

혼자만의 순간

　힘겨운 만선의 기쁨도 잠시, 배의 냉동 장치가 고장난 탓에 어부들은 잡은 황새치들의 신선도를 유지하기 어렵게 된 상황에 처한다. 그대로 시간만 보내면 잡은 황새치는 모두 썩어 한 푼도 건질 수 없다. 문제는 집으로 돌아가는 길에 거대한 폭풍이 진을 치고 기다리고 있다는 사실. 어부들은 남은 소금을 모두 부어 황새치를 절인 후 폭풍을 뚫고 가기로 합의한다. 조금이라도 돈을 건진 뒤 다음 항해를 기약하기로 한 것이다. 성난 파도와의 사투에 지친 어부들의 눈앞에 완벽한 파도가 다가온다. 영화 〈퍼펙트 스톰The

Perfect Storm〉에서 사랑하는 사람들과의 소박한 행복을 위해 돈을 벌어야 했던 어부들은 끝내 돈을 손에 쥐지도, 사랑하는 사람들 곁으로 돌아가지도 못하고 바다에 잠든다.

평생 고기잡이를 해온 노인은 여든 날하고도 나흘이 지나도록 한 마리의 고기도 낚지 못했다. 어느 날 그의 낚싯바늘에 마침내 청새치가 걸려든다. 그러나 살기 위해 몸부림치는 청새치를 감당하기엔 노인의 배는 너무 작았다. 망망대해에서 꼬박 사흘 밤낮의 사투 끝에 노인은 마침내 뱃전에 청새치를 매달았다. 그러나 기쁨도 잠시, 청새치의 피냄새를 맡고 몰려든 상어 떼와의 새로운 사투가 시작된다.

항구에 도착한 그의 배에 매달린 것은 다만 청새치의 뼈. 사람들은 그에게 일어난 일을 짐작할 뿐이다. 노인은 그저 깊은 잠에 빠져든다. 노인은 힘겨운 노력 끝에 획득한 청새치를 상어 떼에게 빼앗겼지만 아쉬워하지 않는다. 인생에서 죽을힘을 다한 일이 수포로 돌아가는 것은 일상다반사임을 아는 노인의 여유 때문일까?

"인간은 패배하려고 태어난 게 아니야. 인간은 죽을 수는 있지만 패배하지는 않아." 헤밍웨이는 『노인과 바다The Old Man and the Sea』에서 노인의 입을 빌려 이렇게 말한다. 헤밍웨이에 따르면 〈퍼펙트 스톰〉의 어부들도 패배한 것은 아닐 것이다.

인간에게 죽음은 그저 삶의 일부분일 뿐, 우리가 오늘도 사투를 다하는 까닭은 삶을 위해서지 죽음을 위해서가 아니다. 나는 왜 삶이 이다지도 치열한 사투여야 하는지 스스로에게 물은 적이 있다. 나의 답은 간단했다. "폭풍이 이는 바다에서 필요한 것은 사투뿐이기 때문"이었다.

언젠가 속리산 부근의 한 마을에 다녀온 적이 있습니다. 선배의 적극 권유로 식구들과 찾았지요. 들어가는 길이 매우 좁고 불편했습니다. 길이 험해서 한국전쟁 때도 마을이 피해를 보지 않았다는 말이 실감 났습니다. 그 마을의 진가는 밤에 드러났습니다.

펜션 주인이 푸짐하게 건네준 무공해 야채와 산야초 덕에 반주를 곁들여 맛있는 바비큐 요리를 먹고 놀다가 10시쯤인가 일찍 잠자리에 들었습니다. 불을 끄는 순간 세상은 암흑 천지로 돌변했습니다. 눈을 뜨고 있어도 보이는 것은 오직 암흑 세계뿐, 그 어둠은 내가 지구에서 대면한 최초의 완벽한 어둠이었습니다.

일찍 눈이 떠져 시계를 더듬어보니 새벽 4시였습니다. 정신이 말똥말똥해져 밖으로 나갔습니다. 앞산 하늘 위에서 별똥별 쇼가 펼쳐지고 있더군요. 그 순간의 심정을 뭐라고 표현할 수 있을는지요? 완벽한 어둠의 세상에 홀로 깨어 1시에서 7시 방향으로 사선을 그으며 쏟아지는 유성들을 선물로 받는 기분을 다른 사람들이 이해하기는 힘들 것입니다.

좋은 것이든 나쁜 것이든 삶에는 이렇게 온전히 혼자 감당해야 할 순간들이 있습니다. 힘든 순간들만은 그대가 내게 나누어주기를 바랍니다. 그대가 힘들 때 곁에 두고 싶은 사람이 나라면 아마도 그날의 유성들이 내 마음의 소리를 들어준 덕분일 것입니다.

그로부터 몇 년 뒤 다시 찾은 그 마을의 어둠을 교회의 십자가가 밝히고 있었습니다. 그 마을

과의 인연은 그때가 마지막이었습니다. 어떤 순
간은 소멸되어 사라진 별처럼 인생에서 다시는
만날 수 없는 것인가 봅니다. 행복한 순간일수록
순간의 의미를 되새겨야 하는데 철든 생각은 언
제나 혼자 있을 때만 돋아나는가 봅니다.

신화의 가면

유력한 용의자란 뜻을 지닌 〈유주얼 서스펙트The Usual Suspects〉는 재미있는 반전 영화를 언급할 때 빠지지 않고 손꼽히는 작품이다. 반전 영화의 묘미는 관객들의 두뇌를 희롱하며 결국 예상과 어긋나는 기막힌 반전으로 관객들의 뒤통수를 치는 데 있다. 이 영화는 사람들이 얼마나 겉모습과 말에 쉽게 속임을 당하는지 보여준다.

이 영화의 주연을 맡았던 케빈 스페이시는 절름발이 버벌 역으로 연기의 대부분을 소화하지만 마지막 걸음걸이와 함께 카이저 소제라는 이름을 남겼다. 그리고 영화가 개봉

된 지 20여 년 만에 위대한 배우의 반열에서 내려와 추악한 성범죄자로 낙인 찍혔다. 신화가 붕괴된 자리에 드러난 그의 비밀스러운 삶은 관객들의 뒤통수를 쳤다.

한 여검사의 폭로를 기점으로 뜨겁게 촉발된 뒤 사회 전반적으로 확산된 '미투#metoo' 캠페인을 통해 우리나라 문화계, 교육계 등 전반에 걸쳐 여러 사람들의 추악한 면모가 드러났다. 그들은 각자의 영역에서 명망을 떨치고 절대적인 권위를 누리던 사람들이었다. 그들은 자신들의 권위를 악용하여 오랫동안 상대적 약자들의 몸을 성적으로 유린하면서 정신을 피폐하게 만들고 영혼을 파괴했다. 문학과 예술을 한다는 사람들이 타인의 인간성을 말살하는 짓을 서슴없이 자행했으니 그들의 문학과 예술은 그저 남다른 재능을 부와 명예의 축적을 위해 활용한 번지르르한 수단에 지나지 않는다.

사랑이 아름다운 이유는 수평적 관계를 전제하기 때문이다. 선천적, 후천적으로 취득한 모든 개인적, 사회적 조건을 무시하고 오직 사람과 사람으로 담백하게 만나 감정적, 신체적으로 평등한 교류를 이어갈 때 그 관계를 우리는 사랑이라고 부를 수 있다. 아이러니컬하게 이런 까닭으로 인해 사랑이 아름답기는 사실 쉽지 않다. 누군가를 나의 삶 안으로 받아들이는 일은 복잡하고 번거롭다. 때로는 많은 것을 기꺼이 잃어도 좋다는 용기를 내야 한다. 관계가 형성된 이후에도 관계의 지속을 위해서는 나의 욕망과 끊임없이 타협해야 한다. 욕망에는 나의 것뿐만 아니라 상대의 것까지 포함되어 있기 때문이다.

사랑이 욕망의 해소가 아니라 내 욕망의 절제와 상대의 욕망에 대한 존중을 요구하기에 사랑을 유지하는 것은 불편하다. 사람마다 다른 욕망의 종류와 크기는 언제든 충돌의 가능성을 품고 있다. 욕망의 충돌로 인한 문제까지 흔쾌히 감수하고 늘 평등한 관계 위에서 해결하고자 할 때 사랑은 지탱된다. 마음 자세뿐만 아니라 행동까지 뒤따라야 하므로 아름다운 사랑은 말처럼 쉽지 않다.

누군가의 몸을 그의 의사와 반해 강압적으로 취하려 하는 행위는 단순히 성욕 때문이 아니다. 그릇된 지배욕 때문이다. 진화심리학과 뇌과학에 따르면 사회적으로 성공한 사람들일수록 도파민 중독일 가능성이 높다고 한다. 게임에 중독된 아이들이 더 자극적인 게임을 찾아 몰두하듯 성공 과정에서 실패의 경험 없이 여러 성취의 기쁨을 맛본 사람들은 더 큰 성취감을 느끼기를 원한다. 자기도 모르는 사이에 도파민에 중독되어 끊임없이 더 큰 쾌감을 추구하게 되는 것이다. 더 큰 쾌감을 위해 더욱 자극적인 방식을 거리낌 없이 구사하면서도 죄책감을 느끼지 못하는 이유는 도파민의 세례에 의해 뇌가 망가지기 때문이다.

페달을 밟을 때마다 뇌가 자극되어 도파민이 나오도록 장치하면 실험실 쥐는 먹이도 먹지 않고 잠도 자지 않으며 배란기의 암컷도 돌아보지 않은 채 페달만 밟다가 죽어간다고 한다. 사람도 이와 마찬가지라는 것이다. 엄청난 부를 가지고 있으면서도 온갖 부정한 방법을 동원하면서까지 돈에 대한 탐욕을 멈추지 않는 이유나 성범죄를 지속적으로 저지르는 이유, 직원들을 학대하고 인간 이하로 취급하는 이유 등의 기저에는 망가진 뇌가 있다. 그 뇌에서 사람 간의 공감을 가능하게 하는 부분은 마비되어 있다. 성범죄자들과 폭행을 일삼는 CEO들의 사과가 거짓말일 확률이 높은 이유다.

지금은 상장사의 대주주로 주식지분 평가액으로만 최소 수백억 원의 자산을 가진 어느 회사의 사장이 있다. 30대 후반에 1년 정도 그의 회사에서 일한 적이 있다. 잘 모르는 사람이 언뜻 보면 호탕한 그의 웃음소리에 반할지도 모르겠다. 풍채도 있으니 마음씨 넉넉하고 따뜻한 사람일 것으로 생각할 수 있다. 그런데 사람은 겉보기와는 다르다. 그는 성과 지상주의자였다. 그가 자주 사용한 표현 중에 '반인반수'가 있었다. 그는 성과를 내지 못하는 직원들을 그렇게 불렀다. 인간이 덜 되었다는 얘기다. 매출이 곧 인격이라는 표현도 자주 사용했다. 반인반수들은 인격을 갖추지 못한 짐승에 불과했다. 그런데 그는 경영학 강의를 하러 대학에 가끔

출강하는 사람이었다. 나는 그런 사실이 끔찍했다. 회사에
는 직원들이 수도 없이 들어왔다 나가길 반복했다.

사업이라는 것을 해보며 별의별 사람들을 많이 만나봤
다. 내 사업을 하지 못한 시기에는 짧게 남의 회사들에서
일하기도 했다. 주로 마케팅이나 기획 분야 책임자였으니
가까이에서 경영자를 자세히 관찰할 수 있었다. 그때 일했
던 회사 중의 하나는 그 이후 장관상도 받고 대통령 표창까
지 받았다. 역시 온갖 고난을 딛고 불굴의 도전정신으로 성
공을 일궈낸 기업가로 포장이 되어 있었다. 어렵던 시절 월
급도 받지 못하면서 함께 고생했던 직원들에게 가했던 언
어폭력과 협박 등은 포장지 속에 잘 가려져 있었다.

세상은 성과를 향해 폭죽을 터뜨려준다. 성과에 이르기
까지의 성공 스토리는 아름답게 각색된다. 어떤 방법으로
든 일단 성공하는 게 장땡이라고 생각하는 사람들에게 그
래서 그러면 안 된다고 말하기는 어렵다. 오늘도 많은 직장
인이 싫은 소리 들어가며 열심히 일하다가 문득 바람 같은

자유를 꿈꾸곤 할 것이다. 대기업만 욕할 게 아니다. 좋은 사람들도 있지만 중소기업 대표들 중에 인간 이하들 참으로 많다.

이미지로 먹고사는 사람들은 쉽게 신화가 된다. 신화를 만드는 사람들과 신화를 추종하는 사람들이 생기기 때문이다. 이미지가 위험한 것은 부정적인 모습을 철저히 제거하기 때문이다. 그런데 위조된 실체는 다만 허상일 뿐, 그 이면에 초라한 본 모습을 감추고 있는 경우가 많다.

화려하게 연출된 광고들이 사람들의 관념적인 욕망을 구체적으로 자극하듯 우상이 된 사람들의 이미지는 사람들의 감각을 마비시키고 오염시킨다. 이미 그들의 뇌는 형편없이 망가져 있을 따름인데 말이다. 이번 기회에 가짜 이미지 뒤에 숨어서 범죄를 저지른 사람들이 단호한 법적 처벌을 받길 바란다. 그리고 미투 캠페인이 성의 영역을 넘어 우리의 삶을 구성하는 다른 영역으로도 확산되길 희망한다.

불편한 사랑을 감수할 용기가 없다면 비겁한 사람에 불과합니다. 겉으로는 고고한 예술가인 양 위장한 채 자기만의 추악한 성적 욕망을 해소하기 위해 음습하게 권력을 휘두른 그들은 그래서 하찮은 존재들이지요. 진짜 사랑을 할 용기도 없는 자들이 무슨 얼굴로 빛나는 인간 정신을 노래할 수 있을까요? 그들의 행동은 한 푼어치도 안 되는 자신들의 빈약한 영혼의 가치를 증명했을 따름입니다. 드러난 밑바닥에서 그들의 예술적 성취는 악취를 풍기며 뒹굴고 있습니다.

타인들을 강압적으로 지배하고 활용하면서 자신의 이익을 극대화해온 사람들이 성공한 사람으로 칭송받고 그들의 업적이 본받을 만한 것으로 미화되는 일은 멈춰야 합니다. 가짜로 드러난 사람들이 잘못에 대해 응분의 대가를 받는 일 못지않게 진짜로 판명되지 않은 사람들을 미화하는 일도 사라졌으면 좋겠습니다. 어디에서든 성공의 훈장 없이도 사람이 사람답게 대우받고 살 수 있는 세상을 우리는 언제쯤 만들 수 있을까요?

이미지 위로 흘러가는 화려한 시간 안쪽에서 추한 짓들을 부끄러움 없이 저지르는 사람들은 언젠가 신화의 가면이 벗겨지게 마련이라는 사회적 공감대를 형성한 것이 이번 미투 캠페인의 가장 큰 성과라고 나는 생각합니다.

그대와 나, 우리는 언제까지나 그저 사람 대 사람으로 사랑하고 대화하고 다투고 화해하며 살았으면 좋겠습니다. 그러는 한 우리가 돈과 지위 등의 조건을 앞에 내거는 인간 이하의 존재가 될 가능성은 없을 것입니다.

사랑의 방향

실화에 바탕을 둔 영화 〈라이언Lion〉에서 어린 사루는 일하러 가는 형 구뚜를 따라나선다. 집에서 혼자 심심한 시간을 보내고 싶지 않았기 때문이다. 어느 기차역에 도착한 두 형제, 사루는 졸음을 이기지 못한다. 구뚜는 일을 하러 가야 했기 때문에 사루를 플랫폼의 벤치에 눕히며 자기가 돌아올 때까지 꼭 그곳에서 기다리라고 말한다. 잠에서 깬 사루는 자리를 떠나 구뚜를 부르며 돌아다니다가 어느 기차에 올라탄다. 잠든 사루를 싣고 기차는 그대로 떠나고 사루는 집에서 수천 킬로미터 떨어진 낯선 곳에서 내리게 된다.

나는
그대 곁으로
가고 싶다

순식간에 미아가 되어버리고 만 사루는 세상의 수많은 위험에 그대로 노출된다. 우여곡절 끝에 미아보호소에 들어가게 된 사루는 호주에 사는 수와 존 부부에게 입양되어 사랑 속에서 양질의 교육을 받으며 멋진 청년으로 성장한다.

어느 날 인도에서의 유년 시절 기억을 되찾은 사루는 엄청난 고통에 휩싸이고 만다. 기억의 파편들에 의지해 날마다 '구글 어스' 속을 헤매는 사루. 사루는 연인과 양부모의 응원 속에 결국 온라인 지도 속에서 고향 마을을 찾아 인도로 건너간다. 사루는 자신이 반드시 돌아올 것이라고 믿으며 기다렸던 어머니, 여동생과 마을 사람들의 축복 속에 재회한다. 하지만 형 구뚜는 사루가 기차 안에서 잠든 채 머나먼 타향으로 실려가는 동안 사라진 사루를 찾아 헤매다 기차에 치어 숨졌다는 사실을 알게 된다.

사루의 양부모인 수와 존은 한 사람의 삶에 다른 사람들의 힘이 얼마나 크게 작용하는지를 여실히 보여준다. 수, 존과 인연이 닿지 않았어도 사루의 인생이 충분히 좋았을 것이라고, 인도의 가족과 다시 만나게 되었을 것이라고 말하긴 어렵다. 수와 존은 비참한 상황의 어린 사루가 만날 수 있었던 최상의 사람들이었다.

영화 〈아저씨〉는 배우 원빈의 화려한 액션으로 인기를 끌었다. 나는 그 영화를 보는 내내 불편한 마음을 감출 수 없었다. 아이들의 장기를 적출하여 돈을 버는 범죄 집단의 잔인무도함에 치를 떨어야 했다. 아이들의 상황에 감정이 이입되어 자주 소름이 끼쳤다.

『어둠의 아이들』이라는 소설이 있다. 19세 미만은 읽을 수 없는 책이다. 성인들에게도 읽기 매우 어려운 책이다. 현실을 고발하기 위한 목적으로 작가가 작심하고 썼기에 끔찍한 현실이 적나라하게 묘사되어 있기 때문이다. 소설은 태국을 무대로 펼쳐지는 아동 성매매와 장기 매매의 현실을 폭로한다. 국가의 무관심과 경찰과 군부대의 검은 세력의 비호 아래 태국의 음습한 뒷골목에서 상품처럼 거래되고 있는 아이들의 현실은 지옥 그 자체다. 열 살도 되지 않은 아이들이 일본이나 미국, 유럽 등 타국 소아성애자들의 변태 성욕 해소 대상으로 짐승만도 못한 삶을 살아가는 모습은 참혹해서 진저리가 쳐진다. 겨우 목숨을 붙어 있게 하는 적은 양의 쓰레기 같은 음식을 먹으며 하루하루 인간으로서 감내하기 어려운 고통 속에서 사는 아이들은 에이즈라도 걸리면 비닐봉지에 담겨 쓰레기 하치장에 버려진다. 성매매에서 해방된 뒤 맛있는 음식을 먹으며 좋아하던 아이는 심장이 적출된다. 음식은 그저 심장의 상태를 건강하게 만들기 위한 수단에 불과하다. 이 책에서 나는 인간이라는 존재에 철저하게 절망했다. 절망하지 않을 도리가 없었다.

영화는 사루에게도 여러 번의 위기가 있었음을 보여준다. 사루와 소설 속 태국 뒷골목 아이들의 천양지차의 삶을 둘 다 어쩔 수 없는 인간의 삶이라고 받아들여야 옳을까? 빛이 있으면 어둠이 있는 법이라고 자연의 섭리를 끌어들일 수 있을까? 아이티 대지진 때는 국제구호 단체뿐만 아니라 아동 납치를 목적으로 하는 범죄단체들도 들어갔다는 애기를 들은 바 있다. 참으로 오싹한 이야기 아닌가? 인간성을 상실한 괴물 같은 범죄자들에 의해 저질러지는 이 야만적인 일만은 부디 하루 빨리 멈추어지기를. 세상에서 사람이 벌이는 참혹한 일들을 접할 때마다 나는 아무 말도 할 수 없다. 나는 다만 절망할 뿐이다. 완벽한 절망 속에 갇힌 사람들에게 사람의 희망을 말할 수 있는 방법이 내겐 보이지 않기 때문이다.

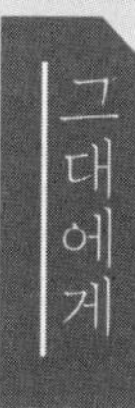

홀로코스트는 여전히 진행 중입니다. 사람이 사람을 상대로 벌이는 잔혹한 폭력이 계속되는 한 우리는 여전히 미개한 시대에 살고 있습니다. 상상하는 것조차 고통스러운 삶이 누군가에게 지금 이 시간 현재진행형이란 사실을 떠올리면 그동안 나도 모르게 쏟아내곤 했던 '힘들다'라는 단어가 한없이 부끄러워집니다.

힘들고 고단하고 괴롭다는 표현이 우리 삶에서 가능하기나 한 것일까요? 신은 인간에게 감당할 수 없는 시련을 주지 않는다고 했습니다. 인간이 다른 인간에게 감당할 수 없는 시련을 주는 것은 명확합니다. 따라서 감당할 수 없는 시련을 겪고 있는 누군가를 구원하는 일은 다만 우리 인간의 몫이 됩니다.

사과나무에도 모두 똑같이 탐스럽고 싱싱한 사과만 열리는 것은 아닙니다. 인간 세상에 적용되는 자연의 이치를 모르지는 않습니다. 그러나 인간은 사과가 아닙니다. 가치가 없으면 시궁창에 처박아도 좋은 상품일 수 없습니다.

사랑하는 사람을 가진 사람은 압니다. 그 사람이 내게 세상에서 가장 약한 사람이 된다는 사실을 말입니다. 사랑하는 사람을 지키고 보호하며 아끼고 보살피고 싶은 마음이 드는 까닭은 그것입니다. 가장 사랑하는 사람은 부모에서 연인, 연인에서 배우자, 배우자에서 자식으로 옮겨 갈 수 있습니다. 그러나 그것은 사랑의 변질이 아니라 사랑하는 사람의 확장입니다.

좋은 사랑은 자꾸만 범위를 확대하며 더 많은 사람을 가슴으로 끌어안게 해줍니다. 나는 사람들이 좋은 사랑을 하길 희망합니다. 각자의 소중한 사람들에 대한 사람들의 좋은 사랑이 세상의 약자들을 향한 관심으로 넓혀지기를 희망합니다. 그래서 우리의 사랑이 세상의 절망을 조금씩 희망으로 바꾸어갈 수 있기를 진심으로 바랍니다.

내 앞에 남은 날

　보이지 않는 인연의 끈으로 사람들은 만난다. 세상의 수많은 사람 가운데 서로 가까운 사이가 된다는 것은 보통 일이 아니다. 가까운 사이를 넘어 긴밀한 관계로 발전한 사람은 더욱 특별하다. 연인이 그렇고, 부부가 그렇다. 친구, 선후배, 동료, 스승과 제자 등의 관계가 그러하다.

　누구나 만날 수 있지만 아무나 특별해지지는 않는다. 특별한 사람들은 저마다의 울타리를 형성하여 자기들만의 세계를 구축한다. 누구나 만들지만 저마다의 속사정은 다른 고유의 세계들. 이 세상은 세계들로 구성되어 있다. 사람들은 세계를 창조하고, 부수며, 다시 만든다. 공유한 세계 안에서 함께 먹고 마시며 수다를 떨던 사람들은 세계의 붕괴와 함께 서로에게서 멀어진다. 원래 그러했다는 듯 인연의 끈은 자취를 감춘다. 한 공간에서 음식을 마주하고 앉는 사람이 바뀌고, 이야기도 바뀌며, 추억 위에 새로운 추억이 덧씌워진다.

누군가에겐 생계 수단인 커피 한잔에도 수많은 세계가 담겼다 사라진다. 오늘날처럼 커피 전문점이 많지 않았던 시절, 잔잔한 음악이 흐르는 운치 있는 커피숍 안에는 연인들이 사랑을 속삭이고 있었다. 세상에 두려울 것이 없었던 스무 살 청춘들은 그곳에 모여 찬란한 현재와 불안한 미래를 얘기했다. 사랑도 우정도 영원할 거라고 믿지 않을 이유가 없었던 젊은 영혼들의 뜨거운 열정. 사랑도 우정도 영원하지 않다는 경험들로 열정은 식고, 세상을 아는 어른들로 나이 들면서 여러 세계들 속에 편입되어 생존과 성공을 위해 계산적으로 변해갔다.

시대는 바뀌었지만 지금의 스무 살 앞에도 회색 빛 미래가 부옇게 부유한다. 기차 안의 통기타 반주에 목청을 높이던 느린 낭만이 사라진 젊은 날의 분주함은 두터운 잿빛 장막의 틈을 뚫고 기성 시스템에 편입되기 위한 몸부림이다. 벌통 속에 그득한 꿀벌들처럼 청춘들은 어깨와 어깨를 부딪치며 좁은 탈출구 앞에 앞 다투어 모여 있다.

　어딜 가나 비슷한 분위기로 연출된 커피 전문점들 안에 옛 시절의 풋풋함은 보이지 않는다. 메뉴판이 무겁도록 빼곡하게 매달린 음료들의 이름처럼 서로 어울릴 수 없는 저마다의 세계들 하나씩을 끌어안고 사람들은 모여 있다. 그리고 누군가에겐 소중한 돈벌이인 커피 한잔을 사이에 두고 사랑도 우정도 아닌, 일과 돈에 대하여 이야기한다. 어른이 되어가는 스무 살도, 언젠가 갈 것을 알았지만 속절없이 가버린 청춘 너머에서 여전히 내일을 걱정하고 있는 어른들도 커피에 녹아드는 음악에 더는 귀를 기울이지 않는다.

　사람들 속에 나도 자주 있었다. 심각한 얼굴로 일과 돈에 대해 떠들었고 인생과 운명에 대해 토론했다. 사랑과 의리만으로 살아지지 않는 세상에서 부질없는 감상을 속삭거리

———

나는
그대 곁으로
가고 싶다

기도 했다. 가끔은 노트북을 열고 오랫동안 혼자 글을 썼다. 돈이 되지 않는 짓으로 돈과 다름없다는 시간을 채우며 자유로움을 느꼈다. 물질의 속박에서 벗어났을 때의 삶의 가벼움, 시간 안에서 자유는 깃털처럼 경쾌하게 손짓했다. 훌훌 털어지지 않는 두꺼운 먼지처럼 사람들의 얼굴과 메워야 할 통장의 구멍들이 자유의 손가락 앞을 스쳐갔다. 자유는 애잔한 눈빛으로 고개를 끄덕이며 등을 돌려 멀어지곤 했다. 모니터 위에서 글자들이 돌덩이처럼 굴러다녔다. 커피 맛이 자주 썼다.

　어쩌면 좋은 삶이란, 지금 내가 누리고 있는 기쁨을 함께 했으면 하는 사람을 추억에 간직하고 사는 것이 아닐는지. 세상 안의 여러 세계 속에서 만나는 사람들 밖에 서 있는 그 누군가가 지금 커피를 마시는 그대의 뇌리에 떠오른다면, 삶과 죽음의 경계로 나뉘고 사랑과 이별의 울타리로 나뉘어 더는 볼 수 없는 그 누군가가 간절히 그립다면, 그대는 이미 좋은 삶을 아는 사람이다. 좋은 삶을 살았던 사람이 좋지 않은 삶을 살 가능성은 적다. 누군가가 행복해하는 표정에 가슴 벅찼던 사람은 다른 사람들에게 있었을 행복을 자신의 기준으로 함부로 재단하지 않는다.

경험은 살아 있는 지식이다. 산지식은 지혜의 원천이 된다. 지식이 많은 자가 지혜로운 사람을 이길 수 없는 이유는 대부분의 경우 지식의 끝에서 지혜를 만나기 때문이다. 지식을 얻은 자는 지식의 양을 드러내기 위해 애쓰고, 지혜를 얻은 자는 지식을 쌓는 자의 성장을 위해 힘쓰기 마련이다. 어른은 저절로 되는 것이 아니다. 어른은 나누어줄 지혜를 가졌을 때 비로소 가능해진다.

나는 어른이 되기로 했다. 바람 불면 부는 대로 휘청대며 지혜를 쌓기로 했다. 세상살이에서 어떤 불이익을 입어도 거짓을 말하지 않고 살기로 했다. 헛되이 이름 나기를 추구하지 않기로 했다. 누구든 내게 모질게 굴면 구는 대로 모두 다 받아주며 살기로 했다. 어느 날 갑자기 삶을 마감해야 해도 아쉬워하지 않기로 했다. 누군가 나를 훌쩍 떠나도 그러려니 제자리에서 기다리기로 했다. 그리고 늘 그랬던 것처럼 나를 한결같이 소중히 여기는 사람들을 더욱 아끼고 사랑하기로 했다. 나의 힘이 감당할 수 있는 한 세상의 절망을 희망으로 바꾸는 일을 실천하기로 했다.

훌쩍 떠나온 인도의 어느 카페에서 모처럼 아이스 아메리카노를 마시며 내 앞에 남은 날에 대해 나는 이렇게 대처하기로 했다. 커피 맛이 달았다. 그날 그 맛의 커피 두 잔을 들고 남아 있는 날들의 의미를 찾고 있을 그대 곁으로 가고 싶다.

2018. 6.

오종호